あなたのカウンセリングが
みるみる変わる!

感情を癒す
実践メソッド

Yuko Hanakawa, Ph.D.
花川ゆう子

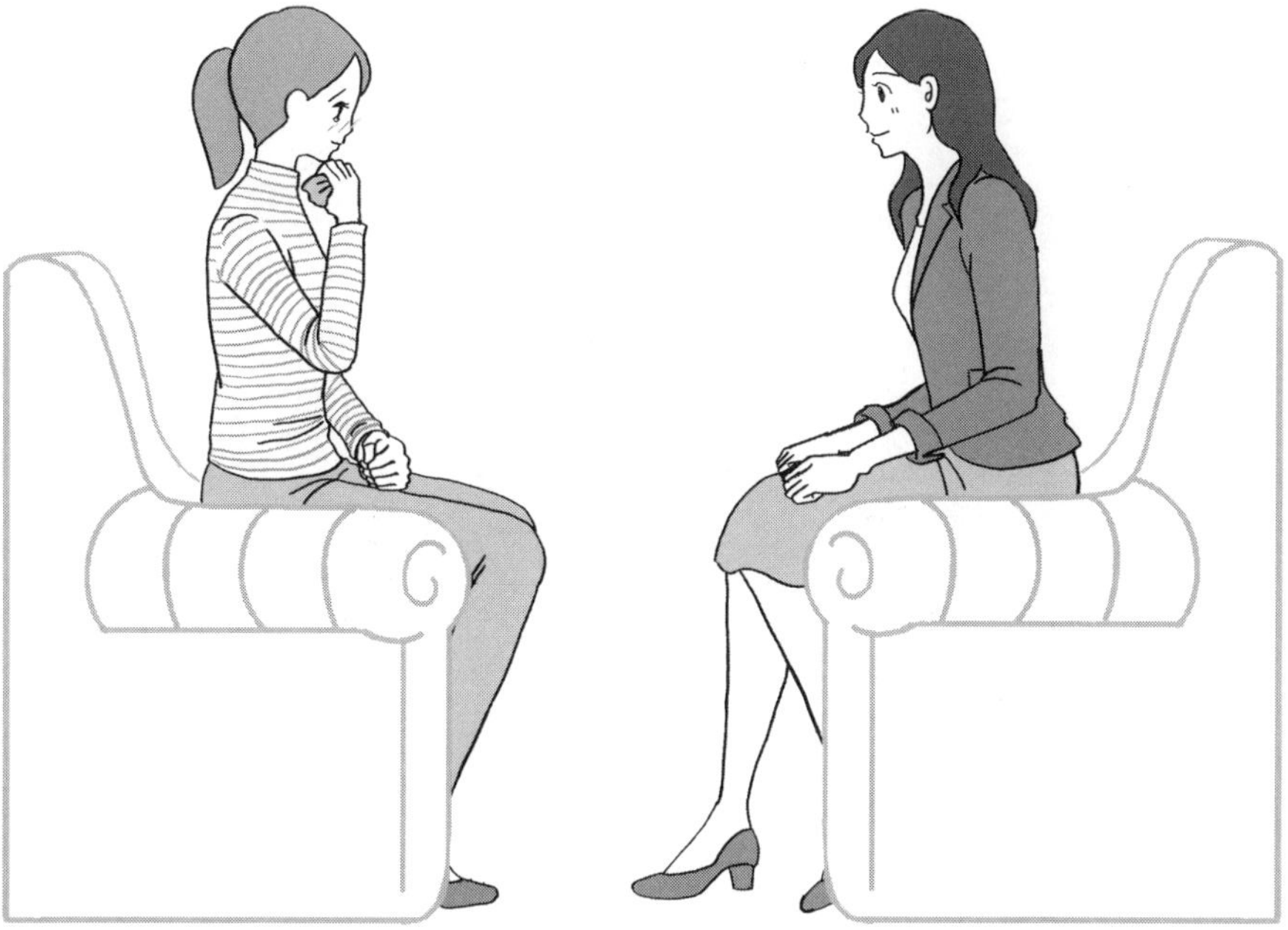

Ψ
金剛出版

目次

第4章 繊細なトラッキングで相手の状態をしっかり捉える 75

あなたのカウンセリングがみるみる変わる！

感情を癒す実践メソッド

序章　ＡＥＤＰとはどのようなアプローチか？

1. なぜ人間関係と感情を育むのは難しいのか？

関係性と感情に焦点を当てるカウンセリングのセッションをお見せすると、参加者からの反応は２つに分かれます。ひとつは、「こんなにクライエントに対して優しくしてもいいのですか？」というものです。

Twitterで上げられていたコメントを例として紹介します。

「ワークショップに参加してきました。セッションの一部始終をライブで見られる機会は本当に貴重。しかもその後、ご本人たちによるセッション録画の振り返り。応答はシンプルなのにクライエントがどんどん変容していく様は途中からこっちが気おくれを感じたほどで衝撃」

「あたたかな療法って言葉は聞いていたけど、まさにそれを垣間見た瞬間でした。その場で一緒に体験させてもらえて感謝」

「クライエントが泣くのを見ていて、自分も泣いてしまいました」

クライエントにセラピストが優しく言葉をかけたり、肯定したり、受容したり、といったシンプルな介入によってどんどん起こってくる変容現象に対して、コメントをくれた人たちは感情的に寄り添って代理体験して、感情と関係の変容の力を感じてくださったようです。

もうひとつのタイプの反応は次のようなものです。

「あんな風にセラピストに近づかれると怖い」

「人の心にズカズカ土足で入られるのは嫌なのでは？　自分はそんなのは嫌だから、ああいうアプローチはしたくない」

「あのクライエントはしっかりしていたから大丈夫だったけど、私のクライエントは泣き出したら止まらない。だからあのアプローチはちょっと難しいかも」

私はアメリカの博士課程でカウンセリングを学び、ふだんニューヨークで個人開業をしているので、日本人セラピストからの反応に数年前まで触れることはありませんでした。ですから最初に日本人セラピストたちの質問や疑問を聞いたとき、少し驚き、また興味を惹かれました。

幸いなことに数年前からこのアプローチを日本人セラピスト向けに紹介する活動を始め、これまで何度か日本でワークショップやスーパーヴィジョンをするなかで、日本のセラピストたちの間に、関係性や感情に対する誤解があることがわかってきました。本書では、そのようなよくある誤解を解きつつ、具体的に関係性や感情にアプローチしていく方法をお伝えしていきます。

2．AEDPが日本人セラピストにも有効な理由

AEDP（Accelerated Experiential Dynamic Psychotherapy／加速化体験力動心理療法）と呼ばれるこのアプローチは、アメリカのニューヨーク生まれですが、国際的にぐんぐんと広がりを見せ、ヨーロッパの国々、ブラジル、イスラエル、アジアでは香港や上海を中心に定期的にトレーニングが行われています。このモデルには文化を超えて人を癒していく普遍性があると考えられます。ですから、このモデルはきっと日本人セラピストにもクライエントにも有効と考えていいでしょう。ここにいくつかその理由を書き出してみました。

□ 人の心の悩みの癒しやあたたかい関係性を求めるニーズは、文化の違いはあるにせよ、世界共通だから。
□ 心の深いところで皆がもっている「変容力」を引き出すことのできる方法だから。
□ 真正性（疑いようのない本物らしさ）のある、人間同士のつながりを治療関係のなかでもつことで生まれる、変容の力を引き出せる方法だから。
□ 感情には人を一瞬にして変容させてしまう強力な自己治癒力が秘められていて、それをどう引き出すかを教えてくれるから。
□ セラピストの真正性を生かせるアプローチなので、クライエントにとってもセラピストにとってもわかりやすくユーザーフレンドリーだから。
□ 関係の大切さとその培い方、また感情には科学的な理論があり、それを根拠とした論理的なアプローチだから。

□　アタッチメント理論や感情理論に基づいているので、トレーニングをしさえすれば習得できるから。

実際にこれまでスーパーヴィジョンをした日本のセラピストたちの何人かは、上手にこのアプローチをクライエント向けに使っています。

3．関係性についての誤解

3－1．誤解されたクライエント中心主義——セラピストの不安

では次に、これまで何度か行ったワークショップを通して感じた、日本のセラピストによくある関係性に対する悩みとそれにまつわる誤解を中心にお話ししていきます。

日本でのワークショップでよく聞くのが、

「避けてきた感情にずっと焦点を当てつづけられるのは、クライエントにとって侵襲性が高いのでは？」

「クライエントが嫌だと感じる感情にとどまらせるのは、良くないことなのでは？」

という心配です。

自分ごととして過去の体験を振り返ってみると、嫌な感情に触れるのは本当に苦しいというのは実感としてわかります。怖かったり、嫌悪感が出てきたりします。いつも押し込めて防衛している感情に関しては、特に「嫌だ！」と反射的に感じてしまいます。でもその「嫌だ！」という反応を認めてみると、案外その後ろにある感情

を見てあげられて、そこから変容過程が進むことはよくあるな、とも思います。

一度ワークショップのデモセッションで、こんなことがありました。セッションが始まって少しして、お互いの関係性もできてきて、落ち着いてきたところで私が「今日話されたいことに少しずつ目を向けていったらどうかなと思うんですが……」とお誘いしたら、クライエントがはっきりと「もうやめたいな、と思っています」とおっしゃったことがありました（このセッションは第8章に収められています）。

そこでとっさに「そう言っていただいてありがとうございます」とお伝えしました。

なぜかというと、「嫌だ」とはっきり意思表示できる方は、それだけこの関係性のなかに安全性があり、信頼があり、感情表現できているということなので、すばらしいとその瞬間に感じたからです。その方の言い方に「真正性」がありました。だから「嫌だ」と言ってくださったその本音に対して、とっさに感謝の言葉が出てきました。

結果それがうまくいき、その嫌だという気持ち自体にしっかりと耳を傾けていたら、幼い頃のトラウマの思い出がよみがえってきて、セッションが深まり、とても深い癒しが起こってきた、という展開がありました。

このようにクライエントが最初は慣れていなくて嫌だと感じる感情も、実はとても大切な感情だという場合が往々にしてあるように思います。

ただ、そのときに嫌で今まで避けてきた感情に「独りで」触れることは恐ろしすぎるのです。ですから、このアプローチでは「私はここにいてあなたをサポートしていますよ」というメッセージを伝えて、その人がその嫌な感情に独りきりで立ち向かわなくていい、一緒にできる人がいるんだ、と思っていただけるよう支援します（第1章参照）。自分のことをサポートしてくれる誰かが一緒にその場でいてくれる、支えてくれる、と感じるだけで、今まで直視できなかった課題の感情に向き合えることが多いのです。ですから嫌だと感じる「感情」そのものが問題ではなくて、「独りで」感じる感情だと思ってしまう、そこが問題だとこのアプローチでは考えます。「私はここにいてあなたのことを支えていますよ、独りにはしませんよ」というメッセージを、言葉や顔の表情や声の調子、目線、プレゼンスなどあらゆるチャンネルを通して伝え、それを受け取ってもらえるよう工夫していきます。そしてその人が「嫌だ」と感じる感情が変容するように促していくのです（第1章、第2章参照）。だから「嫌な感情」が出てきても「じゃあこの作業をやめましょう」と中断はしません。「一緒に」その感情のひだを探っていけないか工夫します。「一緒に」みていくという共同作業の基本姿勢は、このアプローチの大きな特徴のひとつです。

クライエントが独りでは絶対行けないと思っている、暗くて怖い心の場所にセラピストが同行するとき、深い癒しが起こってくるのです。

3－2．愛着体験は依存ではない――愛着モデルと体験の欠如

日本でのワークショップでもうひとつよくある質問が、このアプローチでは優しい言葉をクライエントに言うことでクライエントの依存性を促進させていないか、というものです。

時々セッション中、クライエントに強い感情が湧き上がってきて苦しそうなとき、

「私がここにいてサポートしていますから」

「私がここにいることを感じられますか？」

「私のサポート（またはケア）が感じられますか？」

などと言うことがあります。

そういう介入を聞いたセラピストから、「そんな言葉をかけて、そのあとそのクライエントが依存するように

なったらどうするんですか？」という質問を受けることがよくあります。クライエントの依存に不安がある方は、第1章でお話しするアタッチメント理論をよく理解していただけたら安心されるのではと思います。

アタッチメント理論の創始者ジョン・ボウルビーは「依存」と「愛着」を分けて考えていました。依存は退行的な行動やニーズの表れであり、無差別な対象人物に向けられるものと考えました。一方で愛着を特定の人との愛情あるつながりと捉え、人間にとって本能的なニーズであると提唱しました。ボウルビーは、愛着の行動や欲求は子どもだけでなく、大人になってからも大切な心理的機能があると考えました。

助けが必要なときに信頼できる人に頼ることは、その人に依存しつづけるというのとイコールではありません。逆に自分が窮地に立たされたとき、きちんと自分のニーズを理解してくれ、そのニーズを満足させてくれる人（安全基地といいます）に助けを求めることができるのは、心の健康と考えられるのではないでしょうか。私たち人間は多かれ少なかれ仲間の助けを必要に応じて借りながら、相互的に助け合いながら生きているのですから。そして必要なときに助けてもらうことで、その人の機能性や適応力が保持または強化されていくのです。

このアプローチでは退行的な「依存」を促すために優しく接するのではなく、「安全性」を関係のなかで高める体験をしてもらうために、支持的な介入の言葉を使います。介入の意図は、明確にその人が今ここで感じている大切かつ辛い感情を感じ切ることができるよう、サポートすることなのです。なぜなら第2章でお伝えするように、感情は感じ切ることができると適応的行動へとつながっていくからです。

また、感情的に辛い瞬間にサポートしたからといって、そのあと過度に依存的になった人は、私の経験では今のところ誰もいません。ベースラインで依存的な人はどんなことをしても依存的です。つまりボウルビーの言うところの退行的な要素の強い依存です。そのような人への対応と、目の前の人の愛着のニーズに瞬間的に応える対応とは別のものなのです。

人は愛着のニーズがしっかりと満たされるとかえって健康的に離れられるようになり、主体性が蘇ってきて探索行動、つまりセッションが深まることが多いのです（第1章参照）。

目の前の人が嗚咽して苦しそうなとき、

「大丈夫ですか？　私が今ここで○○さんのことを支えているのが感じられますか？　今とても辛そうですね」というような声をかけることで、相手はぐっと愛着のニーズ（孤独ではない、誰かが心からサポートしてくれている）が満たされ、だからこそ自分のそれまで避けてきた感情に向かっていけるのです。

お腹がいっぱいになったら自然にもう食べなくなるのと同じです。愛着のニーズはちゃんと満たしてあげたら、過度に必要（つまり病的な依存）としなくなるのです。

かえって愛着という食べ物を必要としているお腹をいっぱいにさせてあげないと、いつまでも「お腹がすいた」状態が続き、なかなかカウンセリングから卒業できないかもしれません。

ただ、餓死寸前の人に一挙に固形物を食べさせると、かえって体が拒否反応を起こしてしまい消化できないのと同じように、今まで過度の愛着トラウマを抱えてきた人にキャパシティに合わせて調節せずに愛着を与えてしまうと、心理的に消化できなくて、アクティングアウトにつながったり、症状が戻ってきたりすることも起こりえます。

ですからその人が食べられて、消化できるちょうど良い量の愛着ニーズを満たしてあげる、そのさじ加減を見極めるのが鍵となります。そのさじ加減を調節していくのに必要なのが、トラッキングの技法です（第4章参照）。

関係性が必要と判断する瞬間に親密になったり、はっきりとサポートを差し出す介入をみなさん自身が試してみて、どんな風にセッションが展開していくか体験したら納得していただけるかもしれません。クライエントへの心の距離をいつもより一歩近づけてみる……そうするとポジティブな展開になることがほとんどです。これは私だけではなく、このアプローチを学ぶ人たちは皆、体験していることです。カウンセリング場面でのヘルシーな安全感と親密な関係については、第1章で詳しく例を挙げながらお伝えしていきます。

4．感情についての誤解

4-1．感情を恐れているのは誰か？——セラピストのネガティブバイアス

日本でのワークショップでは必ずと言っていいほど、「クライエントが泣き出したらずっと止まらないのでは？」と心配を口にするセラピストたちがいます。

あるとき強烈な嗚咽が出てくるセッション録画をワークショップで見せたら、驚かれ、「あんな風な強烈な泣き方を見て、不安になりませんでしたか？」と聞かれました。

たしかに、泣き出したら泣き止まない人はいます。私もそういう方々に会ったことは今まで何度もありました。一方で、始まりと、ピークと、泣き止む瞬間がちゃんとある、癒しに向かう泣き方もあります。それがどんなに強烈な泣き方でも、このようなタイプの泣き方は癒しと変容をもたらすのです。

人が泣くとき、2種類の涙があることはご存知でしょうか？

前者は「防衛的な涙」といいます。これはいったん泣き出したら止まらないタイプの涙です。ずっとティッシュを使って泣きつづけ、どこにも向かえなくて、解決からは程遠い、そんな涙です。こちらが見ていてイライラし

てしまう……ということもあるかもしれません。

一方で後者のタイプの泣き方は「真の感情の涙」といいます（真の感情を「コア感情」といいます／第2章参照）。始まりと、ピークと、終わりがある泣き方は真の涙で、変容や癒しに通じる「コア感情」を感じているときに出てくるものです。カウンセリングで人が変わっていくとき、このコア感情に触れて、感じて、とどまっていただくと、自然とその感情は収まっていくのです。

だから真の悲しみを感じて人が泣いているときの涙は、止めなくてもいいし、多少長く続いても、出し切ることを見守っていれば、そのうち自然と終結に向かいます。感情は生理現象のようなものなので、排泄物を出すときのように安心できる環境のなかで、出すべきときに出せればスッキリするのです。だから強烈な嗚咽でも、その人の耐性の枠に収まっていれば、恐れることも心配することもないのです。

幸いこのようなコア感情と防衛的感情の見分けは学ぶことができます。また、その感情の種類に応じて使う技法も習得することができるのです。

本書では、いくつかある感情の種類とその見分け方についてお伝えしたいと思っています。また、ぜひ読者の方々には、感情は恐るべきものでもなく、コントロールできないものでもなく、実は加速度的に癒しと変容をもたらす強力な媒体であることを知っていただきたいと願っています。

真の感情は、カウンセリングのなかで変容を助けてくれる「味方」なのです。

4-2. 自己開示は怖くない——セラピストの変容

「ワークショップに行って率直に驚いたのは、セラピスト側の深い感情をそのままクライエントに伝えること、クライエントから向けられるポジティブ感情をセラピストは疑いなく受け入れることである。それでもいいんだ！と驚いた」（Twitterによるデモセッションの感想）

このアプローチでは、ポジティブな感情や関係性をはっきりと「良きもの」として注目し、介入のなかに使っていくのが大きな特徴のひとつです。

冒頭のコメントを書かれた方は「セラピスト側の深い感情をそのままクライエントに伝えること」にまず驚かれています。

このアプローチではセラピストのクライエントに対するポジティブな気持ち、たとえば愛情であったり、優しさであったり、守りたい気持ちなどがセラピストのなかに湧いてきたら、それを大切な治療的要素として相手に伝えていきます。特にそれを明確に伝えるのが自己開示です。

「今あなたのお話を聞きながら涙が出てきました」
「そんなに独りぼっちだったと聞いて、胸が痛くなります」
「そのとき私がそこにいたら、一緒にそばに座って抱きしめてあげたい気持ちです」

これらが「今ここ」の感情の自己開示の例です。

ポジティブな感情をクライエントに開示していくには、ちゃんと理由があります。

ひとつはアタッチメント理論（第1章参照）に即して、セラピストはクライエントの安全基地としてのスタンスを、言語・非言語により明らかな形で伝えていく必要があるからです。すると関係性における安全感がぐっと深まる可能性があります。感情に対して受容性をもっていらっしゃる方ならば、このような介入は非常にパワフルなインパクトをもって変容につながることが多いのです。

そんなモデルですから、クライエントの深い愛着ニーズが感じられる言動があったとき、セラピストはそれをすばやく汲み取って応答していきます。

たとえばクライエントが真正性の感じられるポジティブ感情、たとえば感謝の気持ちを、深い変容のあったワークをした後でセラピストに伝えたとしましょう。

「今、先生にとても感謝しています。私が今日ここまで来られたのは先生が支えてくださったからです」

それに対して、セラピストはそれを素直に受け取って、たとえば次のように言うでしょう。

「ありがとうございます。今、○○さんの言葉を聞いて、その深い感謝の気持ちが私の胸にも響いてきていて、とてもあたたかい気持ちが湧き出ています」

このようなやりとりが真正性をもってできたとき、お互いの息がぴったりと一致していたり、一緒のタイミングで笑顔を交わしたり、人によっては深く誰かと関われた体験に涙が出てくることもあります。

そのようにお互いが防衛的でなく真正性をもって相手に心を開いて関わろうとするとき、２人の関係性はさらに安全になり、信頼が深まり、親密性もぐっと近くなるでしょう。そのような体験が湧き上がってくるとき、その人にとって新しい関係性修正体験が生まれてきます。その人の愛着体験が変容する瞬間です。ＡＥＤＰではそのようなポジティブな関係性の修正体験が起こってくるよう条件を整え、新しくポジティブな愛着体験をさらに育み定着できるよう助けていくことを目指しています。そのためにセラピストは、クライエントの愛着体験とそれに伴うポジティブ体験を細やかに汲み取って育んでいこうとするのです。

もちろんそのようなポジティブな愛着体験は、人工的・意図的に作れるわけではありません。真正性が非常に大切なので、本当に感じていないのに「あなたのことを大切に感じます」など小手先の言葉だけで言ってしまわないよう注意が必要です。

5．トランスフォーマンスという考え方

Twitterでコメントをされた方が驚かれていたのは「クライエントから向けられるポジティブ感情をセラピストは疑いなく受け入れる」ということでした。

それは裏返せば、クライエントからのポジティブ感情を疑うべきだし、受け容れないという姿勢が基本としてある、ということです。だからこのアプローチでポジティブな感情をクライエントから受け取る様子を見て驚かれたのでしょう。

このアプローチでは、もしセラピストがクライエントから向けられたポジティブな感情を真正性あるものとして、頭だけでなく、心で、体で感じられたならば、しっかりとオープンに受け取ることをお勧めしています。

この「真正性が感じられる」というのがポイントです。

ここでこのモデルで大切にしている「トランスフォーマンス」というコンセプトを簡単にご紹介したいと思います。これは人につながろうとする力、成長しようとする力、自己治癒力などの総称です（第3章参照）。これは最大限のバイタリティ、真正性、そして誠実な関わりをもとうと努力する力（Fosha, 2006）です。トランスフォーマンスは心の健康さ、または「変容力」と言ってもいいでしょう。トランスフォーマンスを最大限に引き出すことで、クライエントの自己治癒力が活性化され、それによって内側からその人が癒され成長していくのを促進することが、ひとつのゴールです。

トランスフォーマンスの対極にあるのが抵抗・防衛です。これらは人を変容しないようにしようとする心の機能です。新しい可能性の探索ではなく、不都合はあるけれど慣れ親しんだやり方にとどまろうとする保守的な機

能です。これまでのカウンセリングのモデルでは（一部のヒューマニスティック・アプローチを除いて）抵抗や防衛をどのようにしたら変えられるか、ということに焦点を当ててきました。ＡＥＤＰでは抵抗や防衛の存在もきちんと見据えつつ、でも一方でクライエントのトランスフォーマンスにまず注目し、それを育んでいきます。この概念が他のモデルとの大きな違いと言っていいでしょう。

もしも偽の感情から感謝の言葉を言っているなら、防衛的な方策としてポジティブな気持ちを表しているなら、それはトランスフォーマンスではありません。トランスフォーマンスは真正性をもって他者に関わろうとする力だからです。

ですが、もしクライエントが伝えてくれたポジティブな気持ちがトランスフォーマンスだと感じられたら、セラピストは大いにその気持ちを歓迎し、受け取り、そのインパクトを体験し、相手にその体験を素直に伝えるでしょう。

ポジティブな気持ち、特に真正性のある気持ちは、ちょっと恥ずかしかったり無防備だったりして、表現するのに勇気がいるものです。まさにその真正性ある気持ちの表現がトランスフォーマンスであり、深く真に人とつながろうとする欲求から湧き出てくる言葉なのです。そして実際にそうであるなら、聞き手としても何らかの感情的反応が自然と出てくるはずです。胸が実際にあたたかくなったり、リラックスしたり、自然に笑顔がふわっと出てきたり、感動したりする反応です。

勇気をもって伝えてくれたクライエントのポジティブな感情に、私たちの脳、体、心は反応します。そんなとき自然な心と体の反応をぐっと押し殺してしまわないで、素直に相手からのトランスフォーマンスを受け取ります。そして受け取った感覚・体感を相手に自己開示するのです。「あなたの気持ちは受け取りましたよ、そして私はこのように感じていますよ」と伝えてみるのです。真正性あるギフトはこちらも真正性をもって受け取り、反応を伝えます。そうするとポジティブな感情が倍増して、その人のトランスフォーマンスがさらなる活性化へとつながっていきます。トランスフォーマンスが活性化されると、人は内側から癒され、成長していきます。

＊

ここまで説明してきたAEDPの特徴をまとめてみると、次のようになります。

①関係性を扱う
②感情を扱う
③ポジティブな体験と関係性を扱う

本書では、感情理論、アタッチメント理論、ポジティブ体験・トランスフォーマンスという3つの理論を軸にして、「今ここ」の感情を深め、安心感のある人間関係を育む理論と具体的なツールをお伝えしていきます。カウンセリング場面だけでなく、さまざまな対人支援場面に関わって奮闘されている読者の方々にとって、本書が臨床現場での地図とコンパスとなってくれたら本望です。

第1章

アタッチメント理論
人から受けた傷は人とのふれあいで癒される

安全基地となる人の条件
「より大きく、強く、賢く、そして優しい」
サークル・オブ・セキュリティ

1．アタッチメント理論

1‐1．アタッチメント理論の基本——つながりを求める根本的ニーズ

みなさんはアタッチメント理論をご存知でしょうか。

アタッチメント理論はジョン・ボウルビー（Bowlby, 1979）が提唱した理論です。ボウルビーの後、メアリー・アインスワース（Ainsworth et al., 1978）などの優秀な研究者たちが現れて発展させ、現在でもさかんに研究が続

けられています。

　ボウルビーはコンラート・ローレンツなど動物学者の理論や生物学を研究し、人間も哺乳類も幼く弱い時期に自分よりも大きくて守ってくれる個体とつながろうとする衝動は本能的だという考えに行き着きました。

　赤ちゃんが養育者になつくのは食べ物をくれるからという学習理論や、養育者の子どもに対する関わり方は重要視しない考え方がそれまで主流でした。しかしボウルビーは、養育者とつながろうとする感情的・精神的・社会的ニーズは生物学的に根本的だと提唱したのです。

　そう言われると「それはそうだ」と思われるかもしれません。もしそうだとしたらそれは時代が変わったからです。それまでボウルビーの前の世代のセラピストたちは、心理的な絆が本能的に根本的なものだとは考えていなかったのです。

　ボウルビーが「ゆりかごから墓場まで」（Bowlby, 1979, p.129）と言ったように、幼児期だけ良いアタッチメント体験をすることが大切なのではなく、そのようなニーズや体験は人生が続く限り同じように大事で、私たちの関係性のパターンや感情調節などを彩る軸だとされるようになりました。最近のニューロサイエンスでも、脳の神経可塑性（neuroplasticity）によって何歳になっても脳は変化しつづけるという考え方が確立してきています。ですから「3歳までに親が○○しないと子どもの発達は□□になる」というような単純な因果関係があるのではなく、私たち人間はどの発達段階においても、たとえば相性のいいセラピストとのカウンセリングや、心が健康な人との友情や恋愛などを通して、最初は不安定なアタッチメント型がぐんぐん変わっていく可能性があるわけです。

1－2. アタッチメントのトラウマ

私たちセラピストのオフィスに来るクライエントたちは皆、多かれ少なかれアタッチメントの傷をもつと言っても過言ではないでしょう。

アタッチメント体験の傷は、大きなはっきりとした記憶に残るものから（養育者・信頼していた人に暴力を受けた、公衆の前で辱めを受けた）、記憶に残らないくらい小さなやりとりのズレ（養育者・信頼していた人が目線を受け止めてくれない、泣いても来てくれない、笑っても笑い返してくれない）が際限なく繰り返されたトラウマまで、さまざまです。

ＡＥＤＰでは、セラピストとクライエントの間での安全なアタッチメント体験を体験してもらうことで、アタッチメント・トラウマを癒していくことをゴールのひとつにしています。そして安全なアタッチメント体験をしてもらうために、さまざまな技法が用意されています。この章では、どのようにアタッチメント理論を実際のカウンセリング場面に翻訳し、使っていけるかについてみていきましょう。

2. 安心安全－探索行動の循環モデル――セッション初期に確立する安全基地

2－1. 循環モデルの理論

ここでみていきたいのは、アタッチメント理論の2つのシステムです（Ainsworth et al., 1978）。

ひとつはアタッチメント行動システムと呼ばれるもので、その主な機能的目的は安全感を感じるために安全と感じさせてくれる人の側を求める行動です。もうひとつは探索行動システムと言われ、主に環境についての学びを促進させる機能があります。まず理論から詳しくみていきましょう。

2－1－1．アタッチメント行動システム

アタッチメント行動システムでは、養育者は子どもに対して「安全基地」(Ainsworth et al., 1978) として機能する必要があります。その子が安心する、独りきりになってしまうのではないかという恐怖を感じない状態です。そして子どもが養育者の近くにいる（物理的にも感情的にも）と感じられるときには、独りになる恐怖や不安がないだけでなく、本当のウェルビーイング（幸福感）を感じることができる、というのです (Sandler, 1960)。このようなウェルビーイングを感じる状態が安定型アタッチメント体験であり、そのような安全感を後ろ盾に、環境を探索できるようになるのです。

2－1－2．探索行動システム

探索行動システムでは、養育者がそこにいてくれると感じて安心した子どもに、周りの環境を探索する好奇心が生まれ、探索する行動のパターンが育まれます。

この探索行動システムによって周りの環境を探り、好奇心にまかせて新しく学ぶことによって、新しいものを発見する喜びや、興奮、それに伴う達成感の感覚、誇りなどのポジティブ感情が出てきます。またそのような探索行動をすることによって、新しいスキルや知識の習得が可能になっていくのです。そして、達成感や卓越感が得られるのです。

2－2. 循環モデルの使い方

ボウルビーはその著書で、セラピストの役割はカウンセリングのなかで安全基地となることで、その支えがあるおかげでクライエントは不幸で辛い状況を見据えることができるようになっていく、と語っています（Bowlby, 1988）。

安心安全－探索行動の循環モデルはシーソーのようなもので、アタッチメント行動システムが優位なときは探索行動システムのほうはシャットダウンしますし、逆に探索行動システムが優位のときはアタッチメント行動システムがシャットダウンします（Powell et al., 2014）。

カウンセリングのなかでは両方のシステムの活性化が必要です。まずセッション初期にセラピストが安全基地となってクライエントが安心を感じられるように言語・非言語で波長合わせをしつつ（波長合わせについては第4章で詳しく説明します）、またそれにとどまらず、クライエントが内的感情体験、または関係性的感情体験を探索できるよう促していくというように、両方のシステムを活性化していきます。

養育者と子どもの関係でも、本人（子ども）においてこの2つのシステムのうちどちらが優位なのか知ることは養育者にとって大切ですが、セラピストがクライエントのどちらのシステムが優位な状態なのかを知ることは、効果的な治療を進めていくにあたってとても大事です。

目の前のクライエントが「肯定」「受容」を必要としているのか（アタッチメント行動システムのニーズを満たす）、それとも、今まで見ないようにしてきた感情を見たい、でも怖いから一緒にやってほしいと本音では思っているのか（探索行動システム）。もうしっかりとセラピストとの関係で安全だと感じているから、もっとプッシュして自分を変えたいと思っているのか（探索行動システム）。

これらの見分け方は、クライエントの言葉だけを聞いているとなかなか難しいものです。なぜなら特にアタッチメント・トラウマがあるクライエントは自分の本音や感情、アタッチメント・ニーズを押し殺すのに慣れている可能性が高いからです。

そこで必要になってくるのがトラッキングの技法です。これは瞬時に変化しつづける他者と自分の感情の状態を示す非言語のサイン、また、声や表情、手足の動き、姿勢などをキャッチして情報収集する技法です（第４章参照）。

トラッキングができるようになると、ちょっとした細やかな顔の表情の変化やジェスチャーの意味などをキャッチできるようになるので、クライエントが今ここでアタッチメント体験が必要としているのか、それとも探索行動を支えてほしいのか、セラピストが探索行動のほうへプッシュしすぎたのか、などが言葉にしてもらわなくても見えてくるようになります。そして刻一刻と移り変わる相手の状態に応じて、介入の方向を軌道修正できるようになるのです。

3．クライエントの「内的作業モデル」とその変容

3－1．内的作業モデルの理論

3－1－1．関係性のアルゴリズムとしての内的作業モデル

赤ちゃんは養育者との刻一刻と変わりゆく、１日に何百回と繰り返される非言語のやりとりから、養育者が自

分が必要なときにそこにいつもいてくれる人なのか、そうでないかということを体験していき、そのパターンを記憶していきます。同じ養育者と1日だけでなく、何日も、何カ月も、そして何年も、言葉がしゃべれない状態の赤ちゃんがやりとりを繰り返すわけですから、そうした非言語のデータは膨大です。そのうちに養育者の赤ちゃんに対応するパターンというのが赤ちゃんの脳のなかに記憶され、内在化されていきます。その内在化された他者とのやりとり、自己との関わり、そして感情調節のパターンを「内的作業モデル」といいます。

内的作業モデルというのは、赤ちゃんがいわば養育者とのやりとりを予想できるようにつくられた関係性のアルゴリズムです。

たとえば、ある養育者は自分も不安が強いので、自分が安心しているときは赤ちゃんに対してきちんと対応できるけれど、不安が高まってくると自分のことでいっぱいになり、赤ちゃんに対応できなくなる人だったとしましょう。すると赤ちゃんは、自分が何か必要でシグナルを送っても（泣いたり、笑ったり、指差したり）養育者がちゃんと対応してくれるかどうか予想がつかないわけです。だからいつも自分は独りになってしまうのではないかと、不安が強くなってしまうのです。

そういった不安定な内的作業パターンができてしまうと、大人になって頼りにしたい人や親しくなりたい人が現れても、その人たちが自分が必要なときにそこにいてくれると思えないので、どうしても不安が高くなり、できる限り独りにならないように相手をさまざまな方法でつなぎ止めようとします（しがみつき行動など）。

アタッチメント理論ではこうした内的作業モデルを4つに区分しています。みなさんもご自分のクライエントたちが、どの型の傾向が強いかチェックしてみてください。クライエントのアタッチメント型がわかると、それに応じて介入を変えていくことができるからです（Pando-Mars, 2016）。

①安定型――養育者は安定して自分が必要なときにそこにいてくれる。この型の内的作業モデルでは誰かが自分が必要なときに助けてくれるし、そばにいてくれるという予想がある。関係性に対する不安が少なく、自分の感情をきちんと感じることができ、他者に伝えることができる。

②不安定型（回避型）――養育者は自分が必要とするとき自分のニーズを否定したり、恥をかかせたり、批判したりする。だから自分のニーズや感情は自分独りでどうにかしなくてはならないと感じる。自分のニーズや気持ちを最小化するのと同時に、他者のニーズや気持ちも同様に最小化する。人間関係や感情体験を回避して、なんでも自分独りで解決しようとする傾向がある。

③不安定型（不安型）――養育者は自分が必要とするときにそこにいてくれることもあるが、いてくれないこともある。関係性はつねに不安定なものだから、さまざまな方策を駆使して相手を引き止めることをしなくては、自分は独りぼっちになってしまうと感じる。基本的に関係に対する不安が高く、そばにいてくれる親密な人がいてもなかなか不安が収まらない。

④不安定型（混乱型）――養育者は自身のトラウマが解消されていないことが多く、自分が必要なときに近づくと怖がらせたり、または養育者のほうが怖がっていて、自分のニーズは満たされない。自分自身にも頼れないし、他人にも頼れない。関係性的にどこにも行き場がない。感情はあまりにも圧倒的に感じられるので、感じない方策（解離）を主に使う。

3－1－2．波長合わせと内的作業モデル

赤ちゃんと養育者の非言語のコミュニケーションのパターンが赤ちゃんの内的作業モデルをつくっていくことは、先に説明しました。非言語のコミュニケーションがうまくいっているとき、瞬時ごとの非言語のリズムがぴっ

たりと合っています。たとえば、2人の呼吸が合っているとか、アイコンタクトが欲しくて相手の顔を見たときにしっかりと目で自分のことを捉えてくれるとか、一緒のタイミングで笑うとか、そういう状態です。そんなとき、2人の波長が合っている、といいます。そして波長が合っているとき、安心安全の感覚が生まれてきます。自分が独りではないという感覚は安心感につながるからです。そしてそのような安心安全の非言語コミュニケーションの積み重ねが、安定型の内的作業モデルをつくっていくのです。

乳幼児観察の専門家スターンは、波長合わせをもっと具体的に「感情的波長合わせ」と呼び、感情の部分を強調しました。彼は、感情的波長合わせがアタッチメントの安定と親密性のキャパシティをもつことに大きく貢献すると言っています（Stern, 1985）。また別の研究者ビービーは特にポジティブ／ネガティヴな感情体験のピークの瞬間に愛着対象者がいて相互的な感情調節をしてくれることが、安定型のアタッチメント体験を育んでいくと言っています（Beebe, 2018）。

つまり瞬時ごとの感情の波長合わせは、安心安全のアタッチメント体験のためにはとても大切、ということなのです。

3－2．アタッチメント理論の使い方

3－2－1．カウンセリング場面での波長合わせ

大人のカウンセリングでも、非言語レベルでの波長合わせは安心感や信頼感をつくっていくのにとても大切です。非言語のコミュニケーションは65～70％を占めると言われているくらいですから、非言語のレベルで安心してもらえる体験を意識的に培っていきたいところです（Birdwhistell, 1970/2010）。赤ちゃんと養育者の間のように、

クライエントとセラピストの間でも、話すペースや、声のトーン、目線の使い方、呼吸の合わせ方などが合っているとき、「波長が合って」います。特に不安の強いとき、強い感情体験があるとき、安心安全のニーズが高まったとき、クライエントが安心を取り戻すために、波長合わせはとても大事になってきます。

ですからAEDPのカウンセリングのなかでは、特に不安の強い初回セッションや、クライエントがアタッチメント体験を必要としているとき、安心安全感を感じてもらえるよう瞬時ごとの波長合わせをしながら、関係性のなかで安全感をつくっていくことを意識していきます。そのような介入が後の感情の探索にとって大きなカギとなってくるからです。

たとえばセッションでクライエントに強烈な感情が出てきて「こんな気持ち嫌だ！」と感じたとき、それまでの体験と違って、ふと顔を見たらセラピストのあたたかい視線に出会えたとしたら、ほっとして独りじゃない、と感じるでしょう。そしてその嫌な気持ちにも2人だったら向き合っていける、と感じられるかもしれません。今までの不安定型の内的作業モデルの予想（例－「自分が感情を感じるときに相手は嫌がる」）とは全く別の体験をすること（例－「自分が感情を感じるときに相手は受け入れてくれる」）を修正感情愛着体験（Prenn, 2009）、今までとは違う感情体験に重きが置かれるときは修正感情体験といいます（Fosha, 2000）。

AEDPのカウンセリングでは、そのような修正体験を積み重ねていくことで、クライエントの内的作業モデルのアルゴリズムが不安定型から安定型へと変容していくよう促していくわけです。そして安定型へと内的作業モデルが変容すると、それまで感じないようにしてきた感情にも向き合い、整理し、プロセスができるようになっていきます。するとそれまでうまく扱えなかった感情、そして関係性パターンの変容が起こってくるのです（感情の変容については第2章参照）。

4. ケース紹介

それではここで実際のセッションからの抜粋をご紹介します。先に説明したアタッチメント行動と探索行動システム、そして非言語・言語での波長合わせについて解説していきます。実際の臨床でどのようなプロセスが展開していくのか見ていただけたらと思います。

ここでご紹介するのは、あるデモセッションの逐語録です。クライエント役は若い学生さんです。この方とは当日初めてお会いしたばかりで、彼女のバックグラウンドのことは何も知りません。ここで抜粋した場面はセッションの初期の段階で、主訴を話していただくところです。

この場面に至る前に、心臓がドキドキして不安だとおっしゃったので、呼吸法を2人で何度かして不安を調節しました。少しするとそのドキドキが収まってきて、体がリラックスしてきました。この場面はそこから始まります。

Cl：そうですね、私が今日お話ししたいのは、将来スクールカウンセラーになりたいと思っていて、大学院進学を目指しているんですけれども、その進学がどうも上手くいかないような気がしてならない。

Th：ああ……

Cl：すごい心配になってきて、今年の夏頃ですかね、夏頃から、夜寝る前に不安がすごい湧き出てくるような感じが出てきて（両手を使って胸の前で上下に動かす）。

（Th：ジェスチャーを合わせる）〈ミラーリング・波長合わせ〉

Cl：体がカーッと熱くなって、汗が出るわけじゃないけど、汗が出るような感覚、ブワーっとした感覚が湧き出てくるようになって。で、それは誰にも話せなくて。

Th：ええ、ええ。

Cl：なんか、孤独感とか、自信のなさとか、劣等感みたいなものが、すごいグチャグチャになって（両手を使って胸の前でジェスチャー）。

（Th：ジェスチャーを合わせる）〈ミラーリング〉

Cl：それがすごい体のなかで湧き出てくる感じが、最近強くなってきて。それがちょっと最近苦痛に感じるというか、つらいというか。

Th：ええ、ええ。

Cl：これがもっと強くなっていったらどうしようとか、もしそれがなければ、もうちょっとポジティブに将来のこととか考えられたりするんじゃないかなって思うので、それを今日ちょっとお話しさせていただきたいなと思いました。

Th：ああ、そうですか。わかりました、ありがとうございます。すごくクリアに話したいことがおありなんですね〈肯定〉。今、その、湧き上がってくる不安（クライエントが先ほどしたジェスチャーをしながら）のお話をしていただきましたよね。今ちょっとこの話をしながら、（胸を指して）ここで何が起こってますか？　体のなかで〈体への注目・探索〉。

Cl：うーん。そのときに、湧き上がってくるときに感じる辛い感情と似たようなものが（胸を指して）この辺から、すごい、なんだろう、にじみ出てくるような（両手を使ってジェスチャー）。

Th：この辺から（ジェスチャーを合わせる）。こんな感じで？

Cl：ええ。そんな感じが、してますね。

Th：ああ、そうですか。そのにじみ出てきているものを、出してあげたらどうかと思うんですね、この2人の空間のなかで。

Cl：うーん。そうですね……出てはいるんですけど、それをどうしたらいいのかわからなくて、引っ込めちゃうような（手で何かを胸に戻すジェスチャー）〈不安〉。

Th：ええ（ジェスチャーを合わせる）。

Cl：そういう感覚がすごい自分のなかであって。

Th：あ、なるほど、なるほど。

Cl：ああ、どうしたらいいかわからない。

Th：うん、じゃあ2人で今日見ていくので、ちょっとそこのところをもうちょっと出させてあげることって可能ですかね。なんにも頑張ってやろうとかしないで、できそうですか？〈探索〉

Cl：はい。

Th：うん。はい。

（沈黙――約20秒）（うなずきが合っている）〈波長合わせ〉

Cl：うーん。

Th：うーん。

Cl：なんだろう、すごい孤独感みたいなものが、すごい強く出てて、それはやっぱり誰にも今まで話したことがなかった気持ちなのかなと思いますね〈体験のネーミング・関係性についての言及〉。

Th：ええ。そうですか。その今まで誰にも話したことがない孤独感を、私と会ったばかりなのに共有していただいて、すごいうれしいですよ。すごく光栄です。うん〈肯定〉……そうしたら、今出そうになっている孤独感の部分、優しく見ていけたらっていう気持ちになってるんですけど〈自己開示・関係性の強調〉。

Cl：はい。

Th：それってできそうな感じですか？〈相手の了解を取る〉

Cl：はい。できると思います〈了解〉。

Th：じゃあ、ちょっとその孤独感のところ、もうちょっとこう出させてあげて（両手で胸から出てくるジェスチャー）。引っ込めないで出させてあげて、そうするとその部分って、なんて言っているか聞こえてきますかね？（ゆっくりとした優しい口調）〈探索の勧め〉

（沈黙――約15秒）

Cl：（涙を流す）〈感情の深まり〉

◉解説

安全基地なしの探索行動の促進はクライエントが独りぼっちになってしまい苦しいだけですが、セラピストが安全基地となりながら「一緒に」探索していくことで、思わず引っ込めたくなるような孤独感にも向き合うことが可能になってきた場面です。

ここで注目していただきたいことは2点あります。

ひとつは、セラピストが波長合わせやミラーリング、優しいトーンでゆっくり話して、安心安全の雰囲気を醸し出すための非言語介入をずっと続けていることです（詳しくは第5章参照）。

もうひとつは、「その今まで誰にも話したことがない孤独感を、私と会ったばかりなのに共有していただいて、すごいうれしいですよ。すごく光栄です」という言葉に顕著なように、「私はここにいて、あなたの気持ちを聞きたいと思っていますよ」というメッセージをはっきりと言葉にして伝えているところです。つまり、言語と非言語が一致した「私はここにいてあなたの体験に興味がありますよ」「あなたとの関係はとても大切なものです」というメッセージを一貫して送っているのです。この2つのことをしながら「孤独感」に接近していくと、そこからグンと感情が深まっていきました。

このように相手の瞬時ごとに変化するアタッチメント・ニーズを読みながら、それに合わせて関係性を強調したり、探索へと誘ってみたりして、アタッチメント行動システムと探索行動システムの活性をよりあわせながらセッションを進めていくと、今までその人が独りでは立ち向かえなかった感情体験のなかへと入っていくことができます。

＊

この章ではアタッチメント理論の基本と、カウンセリング場面での応用の仕方についてお話ししてきました。人間の発達過程で非常に重要な、頼れて守ってくれる「安全基地」の存在が、その後の子どもの心の健康に大きく貢献するのと同じように、カウンセリングの場でもセラピストがクライエントの「安全基地」として認識してもらえるかは、そのカウンセリング効果の良し悪しを左右します。ＡＥＤＰでは、セラピストが安全基地となり安心安全の愛着体験ができる役割を果たしつつ、もう一方でその人が自分の体験を探索していけるように促す役割も担っていると考えます。アタッチメント理論によると、私たちはアタッチメント行動と探索行動の間をシーソーのように行ったり来たりします。ですから、その瞬間ごとにその人がどちらの行動を取っているのかがわかると、どのような介入をしていけばいいのかを判断する指針のひとつとなります。

先に少し触れたように、愛着と感情には密接な関係があります。次の章では、感情理論とその臨床的応用についてご紹介していきます。

第2章

感情理論
こころと気持ちのバランス

「我感じる、故に我あり」
バッド・クレッグ

「感情は祖先から受け継いだ生きるためのツールである」
ジャック・パンカセップ

1. 感情理論

1-1. 不幸の根源は感情を感じられないところから始まる

感情は現代社会のなかで、邪魔で不都合なものとして扱われることが多くないでしょうか？　感情は都合の悪いタイミングで人に迷惑をかけることを引き起こす厄介者。感情を「コントロール」するのはどうしたらいいかを教える本もたくさん出ています。

一方で、ダーウィンの進化論の時代から最近のニューロサイエンスや心理学研究まで、感情の役割は研究対象にされてきました。特に近年米国では、感情ニューロサイエンスと呼ばれる分野で、脳のイメージや動物実験など科学的な手法を使った感情に関する研究が盛んになってきています。

感情ニューロサイエンスの理論に呼応して、ＡＥＤＰでは、感情を「変容を起こす媒体」と考えています。そして、感情にはいろいろな種類がありますが、そのなかで「変容を起こす媒体」となるタイプの感情を「コア感情」と呼んでいます。コア感情は自己の生存と繁栄のために必要な、自分と他者、そして環境の状態を知る情報源です。

ですから感情を都合の悪いものとして知らないふりをしつづけたり、押し込めたり、我慢してばかりいると、自分の生存と繁栄のために何が必要なのかわからなくなってしまいます。

そうするとチャレンジングな状況で自分の生命や健康を守るための大切な意思決定ができず、幸せになるための選択もできず、また幸せな瞬間も味わうことなく生きることになります。

つまり感情を知ることができないと、否応なしに不幸な状況に向かっていってしまうのです。

2.「感情」とは何か？

2−1．感情に関する誤解の数々

「感情に圧倒されてしまうのでは？」

「ずっと泣きつづけて泣き止むことができなくなるのでは？」

「周りの人たちに迷惑をかけてしまうのでは？」

といった心配や不安は、感情をきちんと味わって人生を送ることを妨げてしまいます。このような心配は成長過程で、親や社会から送られたメッセージに起因しているのかもしれません。

「男の子が泣くのは弱いからだ」

「女の子はそんな風に怒っちゃダメでしょ」

などの偏ったジェンダー認識に基づく特定の感情の禁止が、感情を味わう妨げになることもあります。

感情は目に見えませんが、ある気持ちをないことにしてしまったり、いつも我慢していると、後になって、うつや、不安や、孤独感といった形になって出てきてしまいます。感情は見えないけれど、物理的なものと同じように、しっかり感じ切ってあげないと、自然に時間が経ったからといって消えていくわけではありません。

臭いものに蓋をしても、臭いの根源はそれを処理しない限りずっと残っている、という法則は感情にも当てはまります。

2-2. 諸悪の根源——感情恐怖症を乗り越える

カウンセリングに来られるほとんどの人たちには、感情をちゃんと味わえない「感情恐怖症」がさまざまな症状の根源にあると言っていいでしょう。

ＡＥＤＰでは、カウンセリングでのセラピストとクライエントとの関係性を安全なものにすることで、今まで独りではとうてい向き合えなかった感情を、圧倒されずに安全に味わうことができるよう促していきます。

「『独りで』感情に向き合わないとダメだ」と思ってしまうその孤独感があらゆる精神病理の根源にあると、このモデルでは考えています。感情を味わうには「独りじゃない」と思える関係性が必要です。

2−3．感情の本能的な役割

感情については19世紀のダーウィンから始まって、アタッチメント理論のボウルビー、感情理論の研究者であるエクマン、デービットソン、ゴールマン、ラザラス、トムキンス、最近ではダマジオ、ショアー、シーゲル、セリグマン、フレドリクソン、クレッグなどが感情についての研究を報告しています。

感情とは環境と自己の間を仲介するものであり、また情報源であり、個人的な意味づけ、自己の真正性や躍動感を支えるものなのです（Fosha, 2000）。また感情は意欲の基となり、行動をオーガナイズする役目もあり、自己感の根源となるものでもあります（Craig, 2015）。

感情がどれくらい個人の人生に影響を与えるかというと、こんな報告があります（Damasio, 1994）。事故で感情へのアクセスを失ってしまった人たちは、感情の生き生きとした機微を味わえなくなるだけでなく、判断や決断ができなくなり、対人関係でうまく機能することができなくなるそうです。つまり自己感と他者感がひどく破損してしまう、ということなのです。

感情ニューロサイエンスでは、古い脳の皮質である哺乳類の脳や、身体からの信号の送受信をする自律神経によって感情が多大な影響を受けると考えます（Panksepp, 1992, 2009；Porges, 2009；Damasio, 1994, 1999, 2018）。「心と脳は身体を身体が脳と心に影響を与えるのと全く同じように影響を及ぼす。これらはただ同じものの両側面に過ぎない」（Damasio, 2018）。身体で体験している信号が脳に送られ、それが脳内で処理されて新しい脳の皮質である認知や社会的行動のパターンに変化を及ぼします。ですから、感情ニューロサイエンスの理論によれば、新しい脳の皮質に学習の結果として刻まれている認知だけを直接変えようとする方法よりも、身体性に根ざした、哺乳類の脳にある感情にフォーカスする心理療法のほうが、脳の認知的可塑性を最大限に引き出すことができ、その結果として認知そして行動のパターンの変化を促進させていくことができる、ということになります。このような視点からすると、身体性に根ざした感情にアプローチするカウンセリングモデルが効果を発揮すると考えられるわけです。

ひどいトラウマによって感情にアクセスできなくなってしまった人は、感情のプロセス（感情を味わい、表現すること）が苦手なだけでなく、感情から来る情報源をキャッチすることができず、適応的行動を取りにくくなり、生き生きとした活力がなくなり、深い真正性ある他者との関わりができなくなってしまうことも報告されています（Fosha, 2000, 2003）。

感情はロジカルではないと誤解されがちですが、実は判断や行動をロジカルに導いてくれるオーガナイザーでもあります。

たとえば、初回セッションで感情をずっと抑えていたので、自分自身がどんな気持ちを抱えているかわからない方がいらっしゃいました。その方は、どんな気持ちが自分のなかにあるかはわかりませんでしたが、突然涙が出てくるとか、胸が重いという症状があったので何かしなくてはいけないと思い、カウンセリングに来られたのです。セッションのなかでセラピストとの安心できる関係性ができてくると、話をしながら突然じわじわと涙が出てきました（第4章でご紹介するセッションです）。そして「どうして泣いているのかわかりません」と驚いておっしゃいました。涙を流している本人にも、その涙に込められている感情はまだわからなかったのです。そこでその涙を抑え込まないで涙にとどまるように促すと、数分大粒の涙を流して泣いた後、涙が止まり、次第に落ち着いてきて、ホッとため息をつき、セラピストと目を合わせました。そこで「今どんな感じがしていますか？」と聞くと、やっと前の会社をとても名残り惜しんでいること、自分がどれだけ前の会社で大切にされて、まるで家族のように扱われていたか、そんなポジティブな体験の喪失感がはっきりと整理されてきたのです。

このように感情に触れることで、今までただモヤモヤしている、イライラする、なんだか気分が落ち込む、というぼんやりとした訳のわからなかった感覚が、はっきりとロジカルなストーリー性と意味合いをもってオーガナイズされていくことがあります。感情はこのような意味で、体験のオーガナイザーなのです。

ですから、ＡＥＤＰでは、どうしたらコア感情に近づいて、とどまって、その感情をプロセスしていくことができるか、それをプロセスの中軸に据えています。

3．変容を促進するコア感情

3－1．コア感情とは何か？

感情理論研究によると、感情は私たちの環境への適応を助けてくれるものと言われています（Darwin, 1872/1965 ; Ekman, 2003/2007 ; Tomkins, 1962 ; Panksepp, 2009）。

感情は、自己を助ける適応的なコア感情と、感情抑圧的な環境により自分を守るために学んでしまった防衛感情の2種類に分けられます。

コア感情は、もっと正確には「コア感情体験」と言われます。その人のまさに「中核」である自己感と密接に関係している、真で純粋な混じり気のない、のびやかに出てくる種類の感情を指します。そしてそのようなコア感情に触れると私たちはバイタリティを感じ、エネルギーが出てきて、自分の真正性を体験し、「これが偽りのない自分なんだ」という自己感を抱くことができます。

もしかしたらそれは時として「痛い」感情かもしれません。たとえばずっと抑えて見ないふりをしていた悲嘆の気持ちだったりするかもしれません。もしかしたら怒りの感情かもしれません。でもそのような気持ちに触れて、しっかりとその気持ちを感じ切ってみるとき、私たちは「ああこれが自分だ」という感覚を得ることができます。

自分の感情と自己感が一致したとき、それが痛い感情だったとしても、それを味わうことができると、清々しかったり、爽やかだったり、スッキリした感じが伴います。

３－２．コア感情の種類

コア感情には、いくつかの感情の種類が含まれます。

まず、「カテゴリー感情」という恐怖、悲しみ、喜び・幸せ感、怒り、嫌悪、軽蔑などの感情です。カテゴリー感情は外界の出来事に対する反応を指します。

またコア感情にはカテゴリー感情だけでなく、「対自感情」「関係性的感情」というものも含まれます。対自感情というのは自分に対する反応の感情、関係性的感情というのは関係性に対する感情です。

対自コア感情には、自分に対する誇り、うれしさ、自尊の気持ち、自己に対する愛情、慈しみなどがあります。

関係性的コア感情には、関係性に対する自分なりの読み、それに基づく感情的反応があります。関係性的コア感情の例として、他者への愛着、愛情、尊敬、信頼、憧れなどがあります。

コア感情の特徴として、その感情に触れて体験したとき、①何かしらの変容が起こる、②身体で感じられる、またははっきりとしたイメージが喚起される、③はっきりとした始まり、ピーク、終わりがある（Stern, 1985）、④プロセスしたとき適応行動傾向が出てくる、などがあります（図1）。

たとえば、悲しみを考えてみましょう。悲しみがコア感情であるならば、はじめにじわじわと何かが込み上げてくるような感覚が喉に伝わるかもしれません（感情の波の始まり）。それに意識を向けて抑えずにとどまっていると、もしかしてそれが涙となって出てくるかもしれません。それが時には嗚咽（ピーク）になり、数分するとそれが自然と収まっていく（終結）……これは、はっきりとした始まり、ピーク、終結がある感情の波です。

こうした形の感情が終結した後、何かしらポジティブな体験が生まれてきます。「ほっとした感じ」や、「落ち着いた感じ」や、「すっきりした感じ」「軽くなった感じ」などです。これらのマーカーを「ポスト・ブレークスルー感情」と呼びます。これは言葉で表現する人もいますし、身体的な変化をトラッキングしていると、はっきりとしたマーカーを捉えることができます。ポスト・ブレークスルー感情のマーカーには、ため息、身体のリラックス感、目線の変化（セラピストとアイコンタクトをする）、笑顔などがあります。ネガティブだった感情が、それを感じ切ることによって、別のポジティブな感情体験へと変容を遂げるのです。

また、感情をきちんと感じ切ると、何かしらの新しい適応的行動が自然と浮かび上がってきます。

感情の兆し、ピーク、終結、そしてポスト・ブレークスルー感情、新しい適応的行動傾向、このシークエンスが感情の変容プロセスです。

ですから、クライエントの適応的なコア感情に触れて、じっくりと感じさせてあげることが目標となります。きちんとある感情を感じ切ることで、それまでの未分化だった感情が明確化し、ネガティブな感情、たとえば悲しみや怒りが変容し、ポジティブな体験が生まれ、内側から新しい行動を取りたい動機や認知の変化、今まで見えていなかった行動の選択肢が生まれてきます。それがコア感情をプロセスしたときに生まれる現象です。

3-3. 防衛感情の特徴
――感情と感情的との違い

コア感情が本来の真正性ある感情だとすると、それと対峙するのが防衛感情です（Fosha, 2000）。

防衛感情は、防衛的に使われている感情を指します。つまり何か他の感情を感じないために使われている感情を防衛感情と呼ぶのです。

ですから、どんな種類の感情でも防衛感情として使われる可能性があるわけです。

怒りが防衛感情であることもありますし、悲

コア感情のプロセス

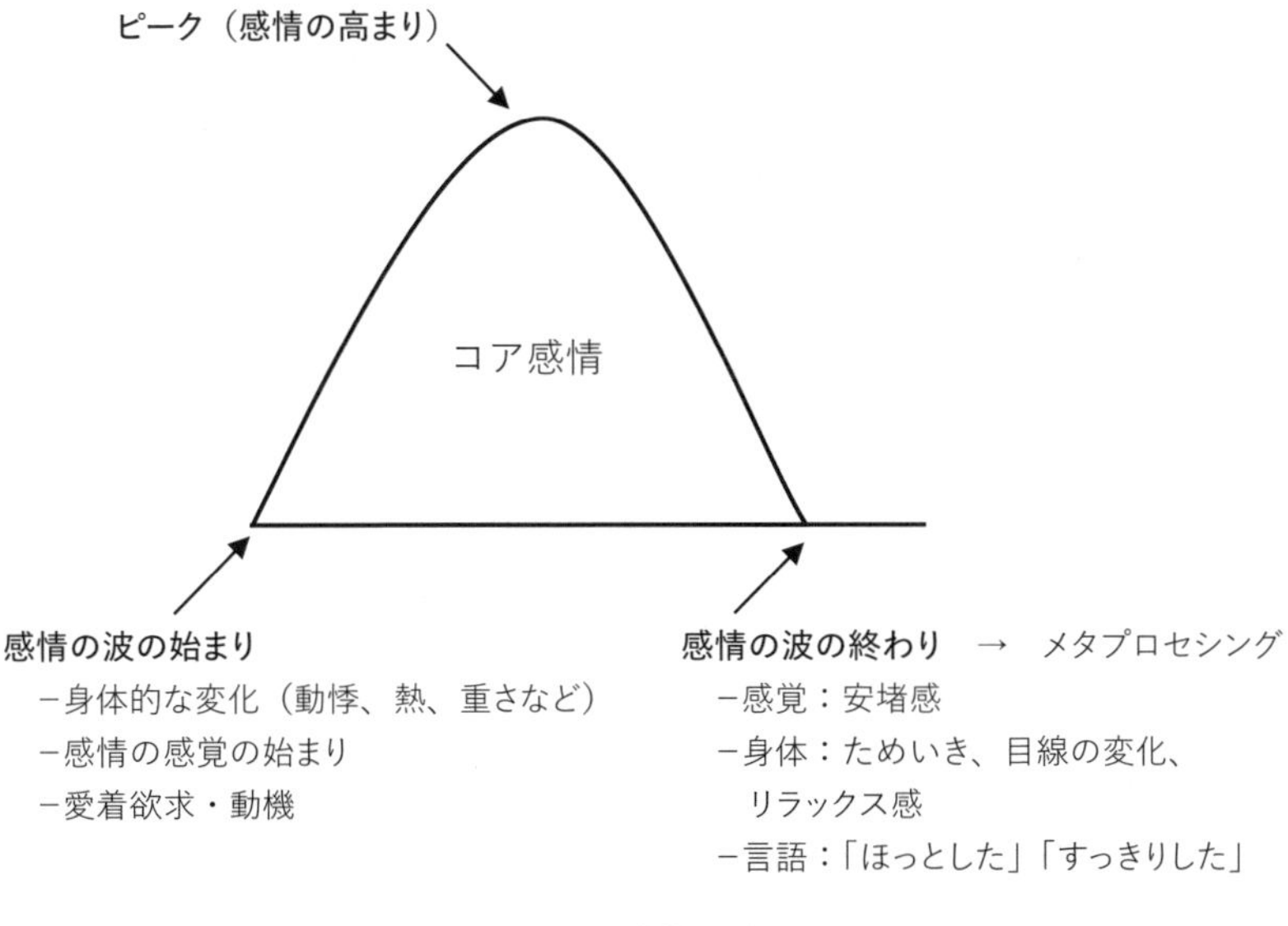

図1　感情の波

しみが防衛的に使われているならば防衛感情になることもあります。今出てきている感情が「どのように使われているのか」また「どのような特徴があるのか」によって，2つの感情を見極めることができます。

見分け方は，コア感情の特徴をもっているかどうかが鍵になります。

防衛感情の特徴としては次のようなものがあります（Fosha, 2000）。①はっきりとした感情のピークと終結がない，②感情にフォーカスしても感情のプロセスがされずに同じところをぐるぐる回っている感じがする，③感情の変容が起こらずに一箇所に足踏みしている感じがする，④過度の自己攻撃のため行動を抑制する，⑤感情に焦点を当てても適応的行動傾向が現れない，などです。

別の表現をすると，「感情」と「感情的」との違いとも考えられます。前者がコア感情を指すものだとすると，後者は防衛的な感情の状態を指します。感情的な状態というのは，本人がその感情に対する主導権を握っておらず，感情に振り回されてしまっている状態です。「あの人は感情的で話ができない」と言われるときには，防衛感情を感情的に出してしまっている状態だと考えられます。

3-3-1．コア感情へのセラピストの反応

セラピスト自身のクライエントの感情表現に対する反応をトラッキングしてみると，そこにヒントが見られることもあります。コア感情はそばにいる人間にも伝わり，クライエントの体験に対して優しさや，痛みや，苦しさ，または喜びを感じることがたやすくできるでしょう。たとえば，コア感情による涙は，見ているとこちらも胸が痛んだり，息が一緒に浅くなったり深くなったり，思わず身を乗り出したり，身体的な関わりと感情的な共鳴が自然と起こってきます。

3－3－2．防衛感情へのセラピストの反応

一方で、それが防衛感情であれば、セラピストは共感が難しく、クライエントの感情を自分のことのように感じられず、自分のほうでも真正性ある反応が出てきません。クライエントの感情に寄り添えていない、共感が難しい、などといつになく感じたら、それが防衛感情なのではないかと疑ってみる必要があります。それにより、適切な方向転換ができるでしょう。

たとえば、悲しみの感情は、それがコア感情であるときは誰かのサポートを得られますが、「感情的」で防衛的な悲しみは、ずっと泣きつづけすぎて、結局周りの人から疎まれてしまう、という形になります。ピークがなく、はっきりした終わりもなく、聞くほうは初めはどうしたことかと親身に聞いていても、そのうち心が離れてしまったり、イライラしてしまったり、「早く泣き止まないかなあ」と思ってしまうような涙です。赤ちゃんでも本物の泣き方と嘘泣きは養育者ならわかります。それと同じです。防衛感情の場合、こちら側は心が離れてしまったり、共感がなかなかできなかったり、体の反応も全然なかったりします。ですからコア感情と防衛感情を見分けるには、セラピスト自身の身体感覚を味わってみることが鍵になるのです。

3－3－3．防衛感情がカウンセリングのなかで出てきたら

カウンセリングのなかで、防衛感情はいくらフォーカスしてプロセスしようとしても全く変容につながらないので、そのような場合はその感情は正しいターゲットではなく、軌道修正が必要でしょう。感情にいくらフォーカスしても変容が起こらない場合は、どこかの時点でそれが防衛感情なのかもしれないと検討してみるといいでしょう。もし防衛感情だとしたら、それが他のどの感情に対しての防衛なのかを考察してみることが必要です。もしかしたら、悲しみの防衛感情の後ろには、怒りの感情が隠れているかもしれません。

4. 相互的感情調節――感情も安全な誰かと一緒に調節すれば怖くない

感情に独りきりで向き合うのは怖いことです。

だから自分独りでは目を背けてきた感情に向き合うには、そういった感情を受容してくれて、一緒に感情のピークが過ぎるまでいてくれて、寄り添ってくれると思われる、安全な「誰か」の存在が必要不可欠になります。あなたの感情を「一緒に」見てくれて、受容してくれて、肯定してくれて、感情に圧倒されないようにいてくれる人と感情調節をすることを「相互的感情調節」といいます。

「私はここにいますよ」

「辛い気持ちが出てきていますね。苦しそうだから一緒に深呼吸を何回かしてみましょうか」

強烈な感情が出てきて圧倒されそうなとき、そんな言葉をかけてもらえたら心強いものです。そして誰かが一緒にこの強烈な感情を感じている自分を見ていてくれるんだと感じると、それが関係性的リソースとなり、自分独りではとうてい無理だと思える辛い感情も軽減されて圧倒されずにすむのです。

5. ケース紹介

ここで紹介するケースは前章で示した部分と同じセッションからの抜粋です。紹介する場面はセッションの中盤です。

クライエント役は若い女性です。彼女は3人兄弟の真ん中で手がかからない子として育ちました。そのため自分の寂しかった気持ちを一番聞いてもらいたかった母親に伝えることができず、いつも我慢してしまっていたということが、ここまでのセクションでわかってきました。それに気がつくと涙が出てきます。ここからは、悲しみのコア感情の波を「感じ切る」過程と、感じ切った後に出てくる感情変容の様子をお見せします。

Cl：そうですね……（母親に）なんか手がかからないって言われたぶん、こっちも心配かけたくないっていう思いがずっとあって。そうするとやっぱり強がっちゃったりとかがあって、なかなか話せなくって、それが溜まっていったものが今ここから出ているような感じがしますね。

Th：（ジェスチャーを合わせる）〈ミラーリングを通してクライエントを独りにしないよう、非言語でコミュニケーションをする〉ええ、そうですか、そうですか……なんか今ね、（クライエントが）すごく深い大きな感情を感じられているのが感じられて、私もなんか涙が出てきちゃう〈セラピストの共感的感情の自己開示／セラピストの適切な感情表現は関係の安全感を高め、クライエントの感情的表現を促す〉。

Cl：でも、それを今まで口に出したことがなかったので、やっと言えたような気分ですね〈達成感〉。

Th：今、私にそのことを伝えて、どんな感じがしていますか？〈関係性体験の探索〉

Cl：すごい安心感のなかで、自分がずっと抱えてきた思いっていうのを、やっと話せたっていう、ほっとした気持ちが強いですね〈安心できる関係性のなかで本音の部分（コア感情）を伝えることができた安堵感〉。

Th：ええ、ええ、ああ（優しい声）。

Cl：（涙ぐむ）

Th：また涙がね、出てきてますね〈涙について言及〉。ちょっとその涙にもスペースをあげられますか？〈探

索・感情のプロセス〉

Cl：はい。

Th：今出てきている気持ちともうちょっと一緒にいられます？〈まだ我慢している様子が見えるので、さらなる感情のプロセスを促す〉

（Cl：涙を流しながら沈黙――約1分）

Cl：はい。

（Cl：涙を流しながら沈黙――約1分15秒）（うなずきが合っている）〈波長合わせ〉

Cl：はい、大丈夫です（目を上げて、Thとアイコンタクト）〈コア感情の波の終結〉。

Th：今どんな感じがしていますか？〈感情体験の振り返り〉

Cl：今は、泣いたことで、すごいつかえていたものが出たような感覚がしますね〈感情の波を乗り越えた後に出てくる現象〉。

Th：つかえたものが出たような……〈肯定〉。つかえていたものが出たって、どんな感じですか？

Cl：この辺に（胸の辺りを両手で示す）張り付いていた物が剝がれたようなイメージですね（Th：ああ、そうですか）。なんか重い何かがすごい分厚く張り付いてたのが、剝がれていくような（両手を胸の前で動かす）〈コア感情を感じ切ったときに出てくる軽さの感覚〉。

Th：剝がれていくような〈言葉とジェスチャーでの波長合わせ・感情の変容の強調・肯定〉。今どんな感じになっていますか？

Cl：今はすごい、うーん、自分の感情を出しやすくなった感じがしますね（胸の前を両手で指す）。ここの重りみたいな物がなくなったぶん、すごく自分の気持ちを感じやすくなりました〈コア感情へのアクセスができるようになった〉。

〈中略――さらに体験をプロセスする〉

Cl：今は思っていたことを結構出せた感じがして、さっき言ったみたいに、ここに張り付いていた物が剝がれたうえに、なかにあった物を流し出せたような（Th：ああ、なるほどね）。爽快感じゃないけど、すごく心が軽くなったような感覚があります。

◉解説

ここで見ていただいたように、悲しみの感情に、安心安全の関係性のなかで、安全で支持的な他者と一緒にとどまっていると、徐々に悲しみがピーク（涙）を迎え、それをしっかりと感じるままにとどまっていると、次第に感情の波が終結に向かいました。そして感情の波が収まってくると「ホッとする」感じや「重いものが剝がれた感じ」（軽さ）が出てきて、感情をきちんと味わうことができるようになってきました。彼女のなかでコア感情への経路ができてきたのです。またこの作業をするにあたって支持的な誰かと一緒にいることが、彼女のなかでは大切だったことが彼女の言葉からわかります。安全な関係性のなかで感情を味わうことができると、感情は圧倒したり爆発したりするような危険なものではなく、むしろ重いものを剝がしてくれる味方であり、まさに「重さ」を「軽さ」へと変容させる媒体として働いてくれることがわかってきます。

＊

本章では感情理論から始まって、感情とは私たちが生存や繁栄のために必要なものを知らせてくれる情報源であり、意味づけや自己の真正性や躍動感などをもたらしてくれることをお伝えしました。なかでも変容の媒体となる種類の感情を「コア感情」と呼んでいますが、このコア感情の働き、現れ方、また変容につながらない防衛感情との違いなどもあわせてご紹介しました。また、相互的感情調節をすることで独りでは対処できないと思われる圧倒的な感情にも向き合っていける、ということをお伝えしました。これらの感情の機能について、実際のセッション逐語録を使って、臨床の場ではどのように感情を扱っていけば感情の波に圧倒されることなく乗り切れるかを見ていきました。

感情は私たちのなかにある「大海原の波」のようなものとイメージしてもらうといいかもしれません。波の読み方を学んでサーフィンの仕方を習えば、小波でも大波でもうまく乗り切ることができるように、私たちセラピストも感情の波の読み方を学べば、感情の波をうまく乗り越えていくことができます。この章を読んで「感情はこう扱えば大丈夫なんだ」と、感情に対する不安が少しでも軽減していくことを願っています。

第3章 トランスフォーマンスとポジティブ体験

成長し変わっていく力の根源

「心理療法のゴールが、私たちのクライエントがもっとリラックスできて、反応的でなくなり、もっと自信がつき、落ち込みが減り、もっと目標に立ち向かえるようになり、もっと幸せになることであるならば、私たちセラピストはこれらの部分を育むことを助ける必要があるだろう。ただ単に（心理的な）障害物を取り除くだけに留まり、その後はクライエントたちが自分でなんとかするだろうと期待しているだけでは足りないのだ」

（Russell, 2015, p18）

1. トランスフォーマンスとポジティブ体験

「トランスフォーマンス」というのは、私たち誰しもがもっている変容していく力、成長に向かう力、つながる力、自己治癒力、自分のなかの正しさを知る力、などの総称で、アメリカの心理学者ダイアナ・フォーシャによって提唱されました（Fosha, 2007a, 2008；Russell, 2015）。トランスフォーマンスとは、諦めよりも成長を選ぶ力であり、停滞よりも変化を求める力であり、自己嫌悪よりも自己に対する肯定であり、孤独よりも人との結びつきを選ぶ力だったり、バイタリティあるエネルギーをもつ力を指します。

セラピストはこのトランスフォーマンスをキャッチするアンテナをつねに張っています。そしてこの「トランスフォーマンス」を、クライエントにお会いする瞬間からセッションの終わりまで探偵のように探していきます。そしてトランスフォーマンスの芽をかすかにでもキャッチできたらそれに注目して、もっともっとそれが大きくなるように育てていくのです。

トランスフォーマンスは、自己を小さく、保守的に、縮小させる抵抗と対極にあるもので、逆に自己を拡大し、大きく花開かせていく力と言っていいでしょう。

トランスフォーマンスは精神病理とは独立して存在する力でもあります。ですから精神病理を徹底的に排除したら、その後に出てくる力、というものではないわけです。硬いコンクリート（抵抗）の裂け目から根を張り、葉を伸ばし、花を咲かせるデイジーのようなイメージです。

トランスフォーマンスというのは安全な環境になると出てくるもので、セラピストはクライエントとの関係性を安全なものになるよう工夫することが必要です（Fosha, 2008；Russell, 2015）。その安全な環境のなかで、その人のトランスフォーマンスの兆しを見つけて育む、というのが基本姿勢になります。

……と一言で言うのは簡単なのですが，このトランスフォーマンスとそれに伴うポジティブ感情を見つけていくのが案外難しいのです！

2. トランスフォーマンスとポジティブ感情に注目するのが難しい理由

クライエントもセラピストも本能的にネガティブ・バイアスという傾向をもっています（Fosha et al., in press）。これはポジティブなものよりネガティブな体験にまず意識を向けてしまう，というものです。ネガティブな出来事はポジティブな出来事よりも5倍早く記憶され，5倍記憶に残りやすい，という研究もあります（Baumeister et al., 2001）。進化論的には，生命体が生き延びていなくては幸せや達成感や喜びなどを感じることができませんから，まずは危険だと察知するもの，つまりネガティブな情報に私たちの脳は注目するわけです。これが，ネガティブ・バイアスが生まれるひとつの大きな理由です。

もうひとつの理由は，これまでの心理療法には，葛藤やトラウマにまつわる体験，防衛や抵抗といったネガティブな体験に集中してきた精神病理ベースのモデルの歴史があります。苦しい症状や障害を「治す」ことに私たちセラピストは腐心してきました。しかしそれにこだわるあまり，トランスフォーマンスやそれにまつわるポジティブ感情体験の素晴らしい力をなおざりにしてきてしまったのもまた事実です。これまでの伝統的な心理療法のトレーニングを積んできたセラピストはどうしても，ポジティブな体験は放っておいても起こることだから，セッションの時間のなかでわざわざ時間を取って注目する価値はない，と思いがちです（Fosha, 2000, 2017：Fosha et al., in press ; Russell, 2015)。

そのため、セラピストがトランスフォーマンスやそれに伴うポジティブ感情体験、たとえば喜びや、誇り、バイタリティなどに注目することが難しくなるわけです。

だからこそポジティブ感情やトランスフォーマンスに注目する意識改革が必要なのです。

2－1．病理中心モデルからポジティブ感情へ——ポジティブ心理学の台頭

精神分析から始まった病理中心モデルに対するアンチテーゼとして出てきたのが、90年代後半から活発になってきたポジティブ心理学の一派です。マーティン・セリグマンをはじめ、バーバラ・フレドリクソンなどにより、ポジティブな感情を育てることで人のリジリエンスやウェルネスを伸ばしていく可能性を支持する研究が盛んになってきたのです。２０１０年代には、ポジティブ心理学はメインストリームの心理学としての地位を獲得しました。２０１８年にイェール大学の心理学部でポジティブ心理学が開講されると、大学史上最大数にあたる１，２００人が受講したことからも、人気を感じさせます。

拡張－形成理論（broaden-and-build theory）で知られるバーバラ・フレドリクソンは、ネガティブ感情とポジティブ感情の目的はまったく違うと言っています（Fredrickson, 1998）。

ネガティブ感情は身を守るための生存本能の機能の比重が大きいのですが、ポジティブ感情はそうではなく、自己の中期－長期的な繁栄や、心と体の健康、長生き、社会的に良好な人間関係（関係性的リソース）を蓄積し、大きく育てていくことで繁栄し、またトラウマからのスピーディな回復を助ける機能をもっていると提唱しています（Fredrickson & Levenson, 1998）。

たとえば、ネガティブ感情と一般的に考えられている怒りを考えてみましょう。怒りは、ゴールを目指す行為を心理的にでも物理的にでも阻害されたときに湧き起こってくる感情、と言われています。また恐怖の進化論的な機能としては、何か危険と思われるトリガーがあったとき、その対象と戦うか逃げるか（fight or flight）の反応と関係していると考えられています（Harmon-Jones & Harmon-Jones, 2016/2018）。

また悲しみであれば、何かを喪失したときや戦いに負けたときなどに、それまでのゴールの再評価や環境を変えていく動機づけとして機能したり、または特に涙を流すことは他者からの優しさや助けを受けやすくする、という機能があります（Webb & Pizzagalli, 2016/2018）。他者から優しくされたり助けられたりすれば、本人は早めに立ち直ることができ、機能も回復することができるでしょう。

一方でポジティブ感情は、上記のようなネガティブ感情の果たすサバイバルのための機能とはまったく違うとフレドリクソンは言うのです（Fredrickson, 1998, 2001；Frederickson & Losada, 2005）。ポジティブ感情には、中期－長期的に社会的、対人関係的、身体的、心理的なリソースを育んでいく機能があります（DeSteno et al., 2016/2018）。たとえば、感謝の気持ちは、誰かから何か自分が必要としていてありがたいと思える贈り物（または行為）をもらったときに感じるポジティブな感情です（Fredrickson, 2004；DeSteno et al., 2016/2018）。感謝の気持ちを感じたり誰かに伝えても、すぐには自分の直接的な得にはならないですよね？

しかし感謝のようなポジティブ感情を抱えるとき、人間は認知的・行動的なレパートリーが広がり、そうするうちにもっと豊かな生物・心理的なリソースをつくることができ、それを対人関係的、社会的レベルで広げて育んでいくことができるようになる、というのです。そしてその結果、そのような感謝を感じられる個人は中期－長期的に周りの人たちから社会的、心理的恩恵を受けるようになります。

考えてみれば、感謝の気持ちを相手に伝えると、私たちは自分自身もポジティブな気持ちになりますし、また伝えた相手も喜んでくれればその人の気持ちもポジティブになるわけです。そしてそのような気持ちのいい体験ができるなら、次も誰かに何かしてあげよう、という動機づけが自分のなかにできて、相手もあなたが何かしてあげたときには感謝してくれることでしょう。誰かに何か親切なことをされたらきちんと感謝する、ポジティブ感情の良きサイクルが対人関係で育っていくわけです。そして自分自身も結局はそのポジティブ・サイクルの恩恵にあずかるわけです。

また、即効的なベネフィットがないように見えるポジティブ感情ですが、実は大変パワフルなインパクトをネガティブ感情に対してもっているという研究も多くあります。マインドフルネスや慈悲の瞑想（loving kindness meditation）を実行することでポジティブな感情が定期的に想起されると、うつや不安、統合失調症などの症状にもポジティブな変化が見られると報告されています（Garland et al., 2010）。

またポジティブ感情の感謝を毎日日記に書くことで（Froh et al., 2008；Flinchbaugh et al., 2012）、感謝の気持ち、楽観的視点、人生における満足度が上がり、ネガティブ感情が軽減した、という研究結果が報告されています。また感謝を受け取ると自分の社会的な価値が上がったと感じられる、という報告も社会心理学の研究でなされています（Grant & Gino, 2010；DeSteno et al., 2010）。

このようにポジティブ体験は、病理モデルで考えられていたより、はるかにパワフルなインパクトをもっているのです。

2－2．ポジティブ感情のネガティブな意味／ネガティブ感情のポジティブな意味

――感情の二分論から統合へ

しかしポジティブ心理学にも内部からの批判があります。

近年では、ポジティブ心理学があまりにもポジティブ感情を強調するあまり、一般にネガティブ感情と言われる感情、つまり怒りや悲しみ、恥の意識などの本来もつ大切な役割を無視してしまっているという批判から、セカンド・ウェーブ・ポジティブ心理学という一派が出てくるようになりました。この人たちは、感情をポジティブvsネガティブ、というふうに単純に二分することはできないとし、もっとニュアンスのある感情の見方をすべきだと提唱しています（Lomas & Ivtzan, 2015；Lomas, 2016）。

感情は感情のラベルだけでは割り切ることのできない（つまり怒りはネガティブ、幸福感はポジティブ、のように）ことが多いのは、心理臨床の仕事をされている読者の方々ならおわかりでしょう。

たとえば怒りはネガティブ感情の代表と考えられていますが、職場のハラスメントなどの理不尽な状況で感じる怒りにはポジティブな意味と機能があります。理不尽な状況で怒りを表現するときのアサーティブネスは個体のウェルネスにとって大切で、自分を正当に守る行動につながります。

感情の二分法は最も単純な区分であり、深いニュアンスが抜け落ちてしまいます。ある感情が「どう表現されるか」「真正性があるか」「どう体験されるか」または「どのようによって使われるか」によって、ポジティブなのか、ネガティブなのかが変わってくるのです。

セカンド・ウェーブ・ポジティブ心理学の人たちは哲学者のヘーゲルを引いて、「理論というものは、①テーゼ、②アンチテーゼ、③統合という過程を経て、さらに高度な洗練されたものへと進化を遂げる」と言っています。そ

して心理学の世界でも初期の病理モデル（テーゼ）の反動からポジティブ心理学（アンチテーゼ）が生まれ、最近ではこの2つの統合としてセカンド・ウェーブ・ポジティブ心理が生まれてきた、ということなのです。

ＡＥＤＰでは、このようなニュアンスをもって「ポジティブ」という言葉を使っています。真正性があって、身体で感じられ、防衛的ではない、その人のその時の真実としての感情、「正しく、本物」（Prenn & Fosha, 2017）と感じられるトランスフォーマンスに裏打ちされた体験を、「ポジティブ感情体験」として扱っています。トランスフォーマンスはまさに真正性の発露ですから、トランスフォーマンスの体験は「ポジティブ体験」として考えられるわけです。

今目の前で出てきている真正性あるポジティブ感情をその場でさっと掬い上げるには、瞬時ごとの細やかなトラッキングという技法が必要不可欠です（第4章参照）。この技法があると、かすかなトランスフォーマンスやポジティブな感情の兆しを掬い上げ、注目し、介入の中心ターゲットとして掘り下げ、熟成させていけるようになるのです。

2-3. カウンセリングで辛い問題だけを扱うのは不十分

ＡＥＤＰでは、意識的にポジティブな感情または関係性的体験があったとき、それにまず注目し、お互いにその体験に留まり、楽しんで、ポジティブ体験の効用をうまくトランスフォーマンスの発露へとつながるように促していきます。

時々、他のカウンセリングを体験してきた人で、ＡＥＤＰのカウンセリングを初めて体験して「辛い問題だけを話すのではなくて、楽しいこともうれしかったことも話していいと知ってびっくりしました」とおっしゃる人がいます。

まさにそうなのです。

ポジティブな体験、たとえば誰かに感謝されたとか、難しい仕事を達成したという体験や、セラピストとのやりとりで楽しかったり、うれしかったり、感動したなどの体験に注目して、トラウマ体験と同じくらい徹底的に、深く、細やかにポジティブ体験もプロセスしていくのです（Fosha, 2000, 2017；Fosha et al., in press）。

このようなポジティブ体験に注目し、その体験をしっかりと心と体で感じることで、内外のリソースが蓄積されて、リジリエンスが育っていきます。リジリエンスが育ってくると、それまでうまく対応できなかったトラウマやストレスに対してもっと適応的に対応できるようになり、早く立ち直れるようになっていきます。

そんなパワフルなリソースがクライエントのなかにあるのに、使わないのは非常にもったいないと思いませんか？

臨床的に言えば、トランスフォーマンスやポジティブ体験をしっかり味わってから、問題となっているトラウマや防衛（例－自己を批判する声など）に意識を向けると、当初よりも扱いやすくなっていたり、クライエント自ら知恵が湧いてきて、それらネガティブな体験を俯瞰して意味を見出す、ということが自然に起こってくることが多いのです。

とはいえ抽象的な説明だけですと、具体的な臨床場面でどのようにトランスフォーマンスやポジティブ体験に注目し、それがどうクライエントに好影響を及ぼすのかわかりにくいかもしれません。次に実際のセッションの逐語録をご紹介します。

3. ケース紹介

ケースは、第1章と第2章で引用したセッションと同じものです。ここでご紹介する場面は同じセッションの後半部分です。

ここまでの場面でクライエントは、3人兄弟の真ん中で「手のかからない子」として見られて育ったため、自分の寂しい気持ちを母親に伝えることができなかったことを話してくれました。ここの前の場面では、大好きな母親に寂しかったと言いたかった気持ちをもつことに罪悪感が湧いてきました。セラピストはその罪悪感を大切なところに置いて、もう一度、彼女自身のコア感情に注目してみるように促します。すると、次のような言葉が出てきました。

Cl：その気持ち（罪悪感）を横に置いておくと、やっぱり今あるのは、誰かに話したかったなっていう、今やっと話せたなっていうのが強いですね。
Th：今話してみて、この瞬間どんな感じがしていますか？
Cl：すごく自分を肯定的に受け止められているような。母にそういうこと（寂しかった気持ちを言えなかったこと）を（今）言ってしまったけど、でもそれはちゃんと自分が感じていたことだし、孤独を感じていたのも事実だし〈新しい自己肯定感〉。
Th：ええ。
Cl：そういうのを、自分を肯定的に捉えることができているような、安心して〈自己肯定感・安心感〉。

Th：ああ、ええ。安心してね（Cl：はい）。それってどんな感じなんですかね。安心しているなかで、自分の気持ち、孤独感だとか、話したかったことだとか、ちゃんと肯定してあげられるのって。

Cl：なんかしっかり自分を自分として感じられているような感じがします、今〈真実の自己体験〉。なんか今まで結構ふわふわした感じで、自分に対して。なんていうんだろう、自分っていうものを、すごく捉えづらかったんですね、自分がどういう人間かっていう。それを今はなんか、自分は自分だっていう気持ちがありますね〈明確で真実の自己感の出現〉。

Th：ああ、ええ、そうですか。自分は自分だっておっしゃったときに、なんか、気持ちがね、出てくる感じでしたね〈トラッキング（第4章参照）を通してうっすらと涙が見えた〉。ちょっとそれにスペースをあげられます？

Cl：はい（Cl：涙を流しながら沈黙——約25秒）（うなずきが合っている）〈波長合わせ〉。

Cl：なんか、すごい自分に対して、なんていうんだろう、決まりとかルールみたいなものを、自分に対して強いていたような感じがしますね。良い子でいなきゃいけないとか〈客観的な防衛の認識が自発的に出現〉。

Th：ああ、ええ。良い子でいなきゃいけない〈肯定〉。

（沈黙——約30秒）（うなずきがぴったり合っている）〈波長合わせ〉

Th：その良い子じゃなきゃいけないっていうルールをね、ちょっと脇に置いて、本当はあなたが、自分はこういう人間なんだっていう風に、こうスイッチしてみるのって、それってどんな感じなんですかね？〈新しいポジティブな修正自己体験に注目〉

Cl：今はすごく自分と向き合えているような感覚がしますね〈真の自己体験〉。

Th：うん、うん。自分とこう向き合えている感じってどんな感じですか？

Cl：今までは、その自分が理想としている自分、良い子の自分だけだったのが、そうじゃなくて、ちゃんと言いたいことを言えて、思ってることも素直に思えて、自分と話せているような感じがしますね〈真の自己体験〉。

Th：ええ、ええ。それができているこの瞬間って、どんな気持ちになってますか？

Cl：すごく落ち着いてますね。

Th：ああ。

Cl：安心して落ち着いていて、ほっとしてますね。

〈中略〉

◉解説

この場面ではクライエントが自分の真正性ある感情を味わって、表現することで大きな変容が生まれました。病理や葛藤をほとんどここでは扱わなかったわけですが、トランスフォーマンスとそれにまつわるポジティブ感情体験にゆっくりひとつひとつ留まってプロセスしていくと、身体的、認知的、感情的変化が大きく、しかも加速度的に起こってきたのがわかると思います。

またこの過程のなかでクライエントが自発的に自らの防衛を認識したのは、興味深い流れでした。これはポジティブ体験を安心安全な関係性のなかで感じるうちに、内的リソースが蓄えられ、そのおかげで今まで直視することのできなかった自分の防衛の部分へもしっかりと目を向けられるようになっていったからだと考えられるでしょう。

ひとつ強調したいのは、病理をまったく無視しつづける、というわけではないことです。たとえば、次の場面では、セラピストが主導して主訴だった不安へと意識を向けてもらっています。前の場面でクライエントが抱いているホッとした感じを身体感覚的に深めていくと、全身に温かさが感じられるようになってきました。これをリソースとして使い、セラピストは次のような介入をします。

Th：この全身で温かさを感じながら、セッションの最初のほうにおっしゃっていた、あの孤独感とか不安とか、ちょっと遠くから目を向けてみると、今どういう風になっているでしょう。

Cl：なんか遠くから見てると、あ、大変だったなーって。他人事みたいな感じで、見ることができてますね、今〈俯瞰的な視点と不安からの心的距離感・変容が起こった証拠〉。大変だったなーって〈優しい過去の自分への見方・セルフコンパッション〉。

Th：大変だった……うん、うん。すごく距離ができたみたいですね。

Cl：そういうものがすごく遠くにあるような感じがします。

Th：じゃあね、今のこの温かい安心した感覚で、大学院進学のことにちょっともう一度意識を向けてみると、それってどんな風に見えてきますかね？〈感情と認知の変化を探索〉

Cl：たぶん進学とかって、誰しもが不安に思うところはあると思うので、そんなにそれを押さえつけなくてもよかったのかなって思いますね〈過去の自分の不安に対する現実的な受容〉。

Cl：心配しすぎてたなって（2人で同時に笑う）。今は思いますね。

Th：心配しすぎていた〈肯定〉。うん、うん。じゃあ今はこう、誰でも……

Cl：ありうる感情なんだなーって。

Th：ええ、ええ。そうですね。そういう風に考えてあげると、どんな気持ちになります？

Cl：すごく心が軽くなりましたね。すごく重かったものがどこかに行っちゃったような〈変容のサイン〉。

◉解説

内的リソースが蓄積してきた段階で主訴だった過度の不安を探索してみたら、不安とそれにまつわる思考が客観視され、一般化され、現実的な解決法（考え方）が生まれてきました。クライエントのトランスフォーマンスに注目していくことで、内側から自発的な変容が起こってきたのが観察できたと思います。

ここでは表面的な解決法をクライエントが「良い子」として演じているのではなく、涙や安心感や笑いといった生き生きとした躍動感と真正性がありました。このような身体的に感じられる真実の感覚に支えられて、彼女は彼女なりの最適な解決法を生み出した、という風にセラピストには感じられました。

これこそまさにポジティブ体験やトランスフォーマンスに優先して注目する理由です。「ポジティブ体験・トランスフォーマンス→防衛・不安・病理」のシークエンスを選ぶことで、クライエントはまず自分の新しいあり方、「これが真の自分なんだ」という自己感、自己肯定感、安心感といった心理的・身体的リソースを手にすることができるのです。そのリソースを使って病理に向き合ってみると、自分の力で病理を乗り越えられるようになります。この方法ですとクライエントが自らの内的リソースを自分のために使う新しい経路を確立できて、そこに主体的な自己表現や自己のあり方、自分のための行動方策を自ら培っていくことができるようになります。

＊

第3章では、私たちのもつ自己治癒力、成長力、つながる力であるトランスフォーマンスと、それにまつわるポジティブ感情体験について見てきました。トランスフォーマンスとポジティブ感情への注目の難しさを、本能的な面とトレーニングの歴史的な面から考察しました。またポジティブ心理学が生まれた理由と、その後のセカンド・ウェーブ・ポジティブ心理学に見られるポジティブ感情とネガティブ感情の統合、そしてポジティブ感情のもつ内的リソースをつくりだす特徴についてもお話ししました。具体的なセッション逐語の場面を紹介し、解説を加えました。

時としてセラピストは病理の暗闇にどっぷりと浸かりすぎてそれを分析することに終始してしまい、クライエントのもっている「力」とそれをどう成長や幸福につなげるために使っていくかを忘れてしまいがちです。しかし、クライエントの心を家だとイメージすると、地下室もあれば日の差し込む窓もあるわけです。ＡＥＤＰでは、クライエントのなかに地下室の闇だけでなく、光の差し込む窓の部分もあることを前提に、光をまず探していくことを優先するところが特徴的です。

第4章 繊細なトラッキングで相手の状態をしっかり捉える

1．トラッキングとは何か？

みなさんはトラッキングという技法をご存知でしょうか？

トラッキングとは英語ではtrackingで、もともとは「追跡する」という意味の単語です。山のなかで獣道を追跡する、というような表現として使います。雑多な情報のなかからターゲットとなる情報だけを取捨選択して拾っていくことを指します。

カウンセリングの場でトラッキングという場合は、非言語の変化、たとえば顔の表情や声の調子、目線、姿勢、ジェスチャーなどがターゲットです。相手（クライエント）や自分自身のなかで起こってくる、このような非言語情報に気づいていく技法を指します。

感情や関係性の体験に焦点を当てるＡＥＤＰでは、トラッキングは基本中の基本となります。なぜなら相手や自分の「今ここで」の身体的なサインを把握することで、感情や関係性をできるだけ正確に把握し、それに基づいて介入を相手の状態に合わせて調節していけるからです。

トラッキングなしにカウンセリングをするのは、まるで野球で目をつぶってバッターボックスに入るようなものです。トラッキングは野球選手の選球眼と同じくらいセラピストにとって大切な技法なのです。

とはいえトラッキングは外からは目に見えない認識作業（情報収集）なので、読者のなかには「それってどういうプロセスなの？」と疑問に思う方もいらっしゃるかもしれません。どのような情報がセラピストの「頭のなか」でどのように処理されているか、外からは見えないのでなかなかわかりにくいかと思います。

次のセクションでは実際のセッションの逐語を使いながら、録画を一コマ一コマ止めるように、外からではなかなかわかりにくいトラッキングの過程を紹介していきます。セラピストの頭のなかで起こっている非言語情報のトラッキングの模様を細かく書いてありますので、その様子を読みながら感じていただけたらと思います。

2. トラッキングの実際——セッション逐語録

ここでご紹介するのは初回セッションです。クライエントのバックグラウンドについて、セラピストは全くと言っていいほど知りません。電話でお話ししたときに、仕事が1年半前に変わってから落ち込むことが多くなった女性、ということを聞いているだけです。

この逐語録を読むときは、実験的にこのクライエントの生育歴などは全く考えないで、ひたすら「今ここ」に描かれている言語・非言語の情報にだけ集中してください。もしクライエントの様子を想像しながら読み進めてもらえたら、よりわかりやすいでしょう。

セッションが始まって、クライエントはしばらく周りを見回したり、ご自分の内部に入って何かを感じたり考えているような長い沈黙がありました。一息ついたところでセラピストと目を合わせます。そこでセラピストは「今どんな感じがしていますか？」と聞きます。するとクライエントは「禅な感じがする」（少し笑いながら冗談のように）と言いました（この逐語録はクライエントの了解を取った実際のセッションです。（　）のなかは非言語のサインです）。

Th：ちょっとなんかこの「禅」な感じのなかで（Clと一緒に声を上げて笑う）（Thは右手を上に向け招くようなジェスチャーをしながら）、＊＊さんが抱えていらっしゃること……（Th：ゆっくりと間を取り、相手の様子をトラッキングしながら）ちょっとずつ出させて（「出させて」のところでClは大きなうなずく）あげたらどうかな、と思うんですけれども。

Cl：はい（うなずく）。

Th：どんな形でもいいです。どんな切り口でもいいですけれども（ゆっくりとした口調）。

Cl：うーん（小さな声で）そうですね（ちょっと目を下に向けて）。えっと……まあ今日お伺いしたのが（左上を見ながら）、この1年半くらい結構落ち込む……（左手で鎖骨のあたりをこすりながら、「1年半くらい」と言ってThをまっすぐ見る。目を見開き、強調するかのように）ことが多くて（一瞬目をそらす）。普段、今までそういうことが全然なかったので（しっかりとした口調。まっすぐなアイコンタクト）、自分でもちょっとびっくりしているんですけど、でも原因はわかっていて（一瞬目をそらす。息を吐き出して、ちょっと笑う）。

はい。原因はわかっているんだけれど（目が下を向く）、なんでそれが嫌なのかとか（Thとしっかりしたアイコンタクト）、なんで自分はそれが好きになれないんだろうかとか、そういうところはちょっとよく自分でもよくわからない（小さなうなずきを繰り返す）。うん。

あと、その状況から抜け出すこともいろいろ考えたんですけれども（目線は下向き）、なかなかうまくいかずに（目を上げてThとアイコンタクト）。最近も、ちょっと、やっと（下方へ目線を向ける）そこから外れそうな感じだったんですけど（チラッとThを見ながら、左手で外側に何かを押し出す仕草）（Thも右手で同じジェスチャーをして合わせる）、それもちょっとダメになっちゃって（ゆっくりした口調になり、声のトーンが低くなる）。

そうですね（小さなうなずきを何度かする）。なので、なんか人生って "everything happens for a reason" とかいうじゃないですか。でも、これってなんで起きるのかな（首を傾けて声が微妙に震える）とか……（無防備な表情。声が少し震える。うなずく）考えはじめた感じ……（Clの視線が一瞬上方へ。うなずきながらThとアイコンタクトを取る。Thも同じ速度でうなずく）

Th：今ちょっと話しながら、どんな気持ちが湧いてきていますか？

Cl：ちょっと感情が（笑顔。「感情が」と言うときClの声が少しまた震える。笑顔と泣きそうな顔とが素早く行ったり来たりしている。何度もうなずく）。

Th：そうですよね（ゆっくりとClの話し方と同じ速度でうなずきを合わせながら。相互的感情調節）。ちょっとその感情を出させてあげられます？（Clは視線を下方に向ける。泣きそうな表情。何度かうなずく）何のジャッジメントもなしに（優しい声で）。

Cl：そうですね（泣きそうな表情。声がまた震える。涙をこらえている。眉が中央に寄って、目が下を向き、口角が両方下がって悲しみの表情のほうが勝ってきている。もう笑顔は影を潜めており、Clは悲しみの表情にずっと留まっている)。

Th：ええ、うーん（波長合わせ。ゆっくりとした柔らかいパラバーバル（paraverbal）な音を出し、彼女の気持ちをサポートしようとする)。

Cl：(16秒ほどの沈黙)（瞬きが速くなる。指と指を擦りつけている。ちょっと首をかしげる)

Cl：ちょっとティッシュお借りしてもいいですか？（声を出して笑いながら)

Th：あぁ、ここにあります（Clのそばのティッシュボックスを指しながら)。

Cl：で、そのまぁ（ティッシュで鼻を拭きながら。涙が出そうなので鼻水が出てきているよう。それと同時に両手で手のひらを押し出すようなジェスチャーをしながら）私を苦しめて……（説明をしようとし、涙を無視して先に進もうとする)

Th：あ、ちょっといいですか（素早く、優しい声のトーンで)。話に行く前に、今ちょっと何が出てきているかなって……（ゆっくりとした柔らかい口調)

Cl：あっ（ハッとした感じで。目を下方に向ける。自分の内部を探っているように)。なんだろう。さっきまでは結構平穏でいたつもり（「平穏」と言うとき、手を真横にスライドさせるジェスチャーをする。「つもり」と言うときに声が震える。目がチラッと左上へ向く）だったんですけど（泣きそうな表情。目線を下に、口がへの字)。なんか自分でもよくわからないけど……（片手で口を隠す。さっきよりもはっきりとした声の震えがある。Thのほうをしっかりと見る)

Th：(Clの声のトーンや速度に合わせて、感情を込めながら）たくさんの気持ちが＊＊さんの胸のなかに詰まっている感じですかね……（Thは右手を自分の胸のあたりに向け、少し前後に揺らす)

Cl：（うなずく。鼻をティッシュで拭きながら聞いている。涙がもうそこまで出てきている）
Th：なんかそれが今出ようとしているような（Thは右手を上に向け、目の前あたりで開いたり閉じたりするジェスチャーをする）。
Cl：そうですね（大きなうなずき。Thとしっかり目を合わせる。本格的に涙が出てくる）。
Th：ねえ。うんうん（優しい声のトーンで）。涙も抑えないで出させてあげてくださいね。ここはそういうことをするところなので（優しい声でゆっくりと）。
Cl：（大きなうなずき）（涙がこらえきれなくなって2分間泣きつづける）

クライエントの微妙な感情の動きを、トラッキングを通してキャッチして、それを丁寧に、好奇心と優しさをもって焦点化し、感情表現を言語・非言語で促すことで、本人が抑えていたコア感情へ触れていくプロセスでした。

3．トラッキングの技法

3－1．定義

トラッキングとは「クライエント、そして自分自身の今ここでの瞬時ごとに変化する体験を表す非言語情報を、細やかにたどり観察する技法」です。

トラッキングの対象には、顔の表情、動き、呼吸の速さ、深さ、声のトーン、しゃべり方の速さ、目の動き、まばたきの速さ、頬の筋肉の動き、ジェスチャー、足の動き、座り方、手のひら・指の使い方、頬や首筋に見える赤みの変化……など多岐にわたる非言語情報が含まれます。

そして、トラッキングのプロセスにはいくつか段階があります（図1）。

3-2．マインドフルな瞬時ごとのトラッキング——インプットと意味づけ

トラッキングによってセラピストは、感情を示すサインを探しています。

それは、セラピストはクライエントの感情パターンを見つける作業をしているということです。この作業は「感情認識」とも言われています。

パターンによる感情認識というのは、基本的な感情を示す表情の膨大なパターンを記憶しておくことで、新しく誰かの感情表現を見たときに、記憶されているパターンのデータベースをもとに感情を認識することができる、という理論です。

感情認識は実は複雑です。

実際はパターン認識だけではなく、観察者の感情的共感体験を通して相手の感情を知る過程（経験的共有）、また言語的な文脈から感情を憶測する過程、またこれらの過程の感情データを統合して感情を最終的に認識する統合的過程など、いくつもの過程を通じてなされます（鈴木 2013）。

クライエントに焦点を当てているトラッキングは、パターン認識を使って感情を捉えています。そのほかに、セラピストが主観的に心身で感じる反応を使ってクライエントのなかで何が起こっているかを知る、セラピストに

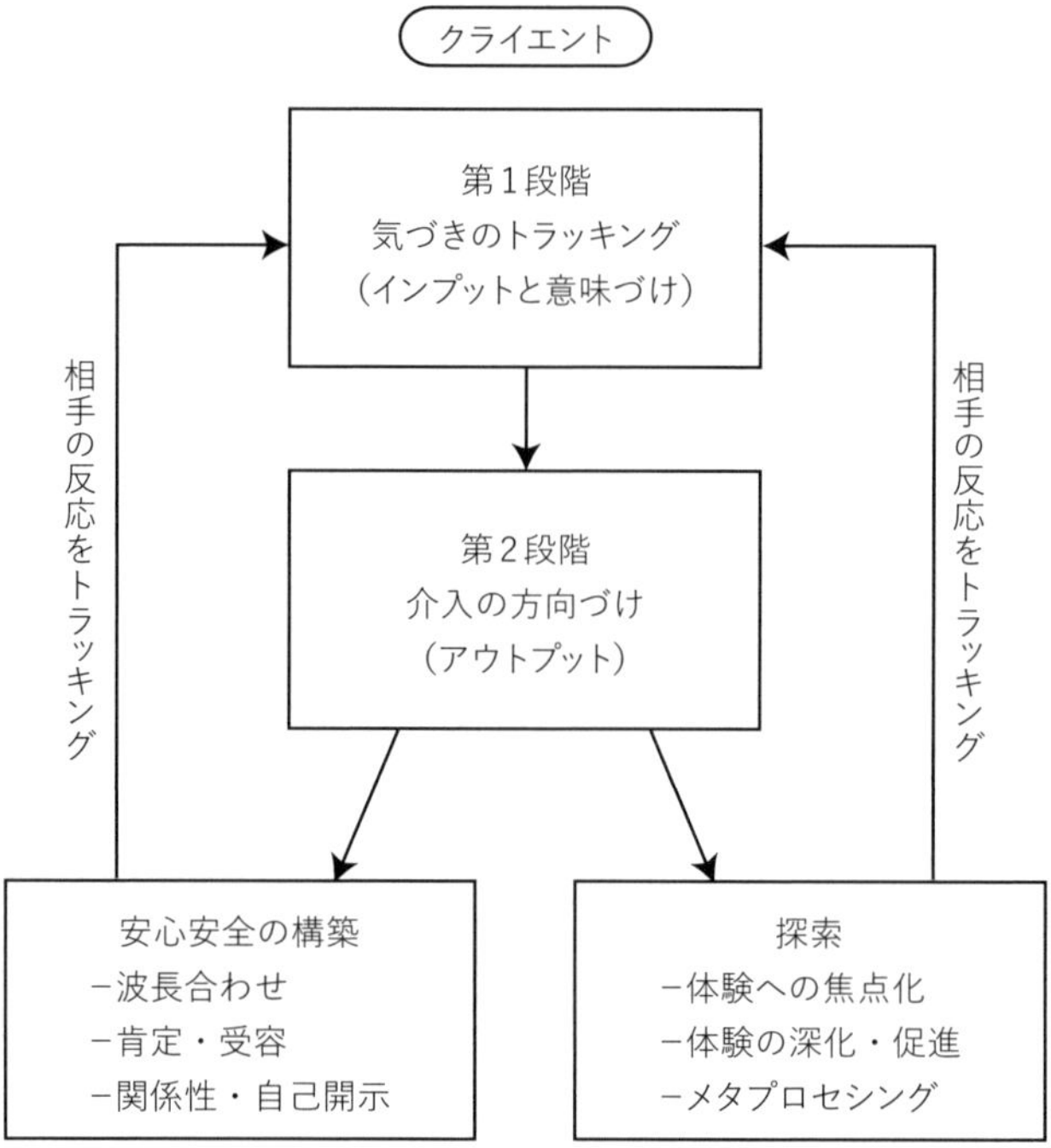

図1　トラッキング・フローチャート（クライエント）

焦点を当てたトラッキングもあります（図2）。

第2章で、コア感情にはカテゴリー感情（怒り、悲しみ、喜び、驚き、恐怖、軽蔑、嫌悪）、対自感情（誇り、自信、セルフコンパッションなど）、関係性的感情（尊敬、信頼、愛着のニーズなど）という3種類があるとお話ししました。

セッションのビデオを観たり、スーパーヴィジョンを受けたり、写真を見たりして、これらのコア感情の特徴（顔の筋肉の使われ方、目線の方向、姿勢、呼吸の速度、ジェスチャーなど）をある程度知っておくと、実際のセッションのなかでそのパターンに合った非言語サインがクライエントに見られたとき、「怒りの表情が今見えた」「悲しみが出てきそうだ」「さみしそうだ」「嫌がっている」「緊張している」「リラックスした」「バイタリティが出てきた」「サポートを必要としている」などと認識できるわけです。

また個人によって、文化によって、感情表出の癖や特徴があるため、その人のベースラインはどのような状態なのか、さらによく出てくるけれどあまり意味がない表情や仕草などを区別しておく必要があります。

トラッキングが上手なセラピストは、どのような表情や姿勢がどのような感情を表しているのか、どのような非言語サインが大切かという感情のパターンを、何百、何千回と学び、その膨大なデータを蓄積して長期記憶に保存しています。そのため、瞬時に相手の微妙で繊細な心の様子をキャッチすることができるのです。

トラッキングを正確かつ繊細にできるようになるためには、人の表情のビデオを観て感情を認識する練習を集中的にするといいでしょう。具体的にはセッション録画を見たり、トラッキングに重点を置いた録画を使った講座を受けたり、またスーパーヴィジョンなどを通して意識的に学んでいくことが大切です。このような方法を通じて、どの非言語サインがどのような感情を表しているかというパターンを、何通りも記憶して蓄積していくわけです（Ekman, 1972/2013, 2003/2007）。

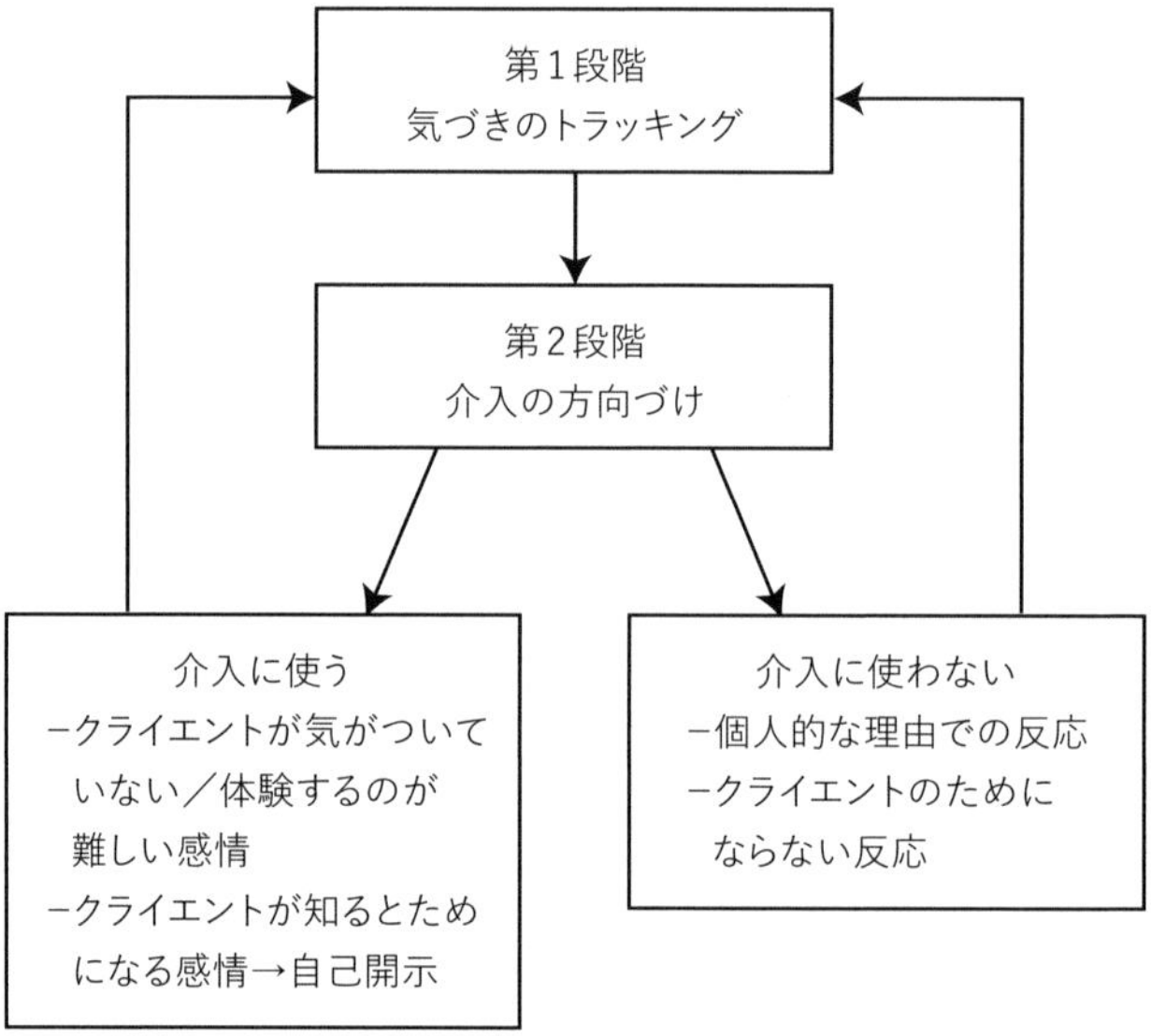

図2　トラッキング・フローチャート（セラピスト）

3-3．トラッキングでインプットしたデータから介入の方向づけを決める——アウトプット

トラッキングにより感情が認識されたら、次のステップは、そのあとその情報をどう扱っていくか、ということになります（図3）。

ここでは数ある介入の種類を、アタッチメント理論に基づいて、大まかに2つのグループに分けて説明します。まずセッションをしているご自分の姿を想像してみてください。ご自分のクライエントが目の前にいて、あなたは何らかの感情が相手のなかで湧き起こってきているのを、トラッキングをしていて察知することができました。それは悲しみかもしれません。怒りかもしれません。もしかしたら誇りかもしれません。

そこで質問です。

「この瞬間にこの人には安心安全の介入が必要だろうか、それともすでにある程度、安心安全が確立されており、探索に移ることができそうだろうか？」

もしも、今の瞬間はまだ安心安全が十分ではない、という判断でしたら、次のような介入の選択肢から1つ選んでいくといいでしょう。どのような介入が今イメージしている場面において適切か選んでみてください。

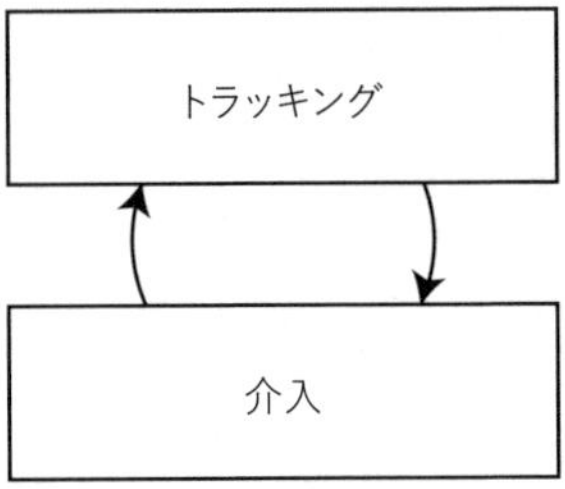

※トラッキングと介入は
2つで1単位

図3　介入のユニット

・「肯定」――相手の主観的な体験のなかでセラピストが意味があると思うものを選んで、それをポジティブな意味で捉え、クライエントをサポートする。
・「関係性の強調と孤独感の軽減」――心の作業をクライエントとセラピストの2人でやっていることを強調し、クライエントが独りだと感じないよう関係性的サポートをはっきりとする。
・「波長合わせ」――言語・非言語を使って、相手に「あなたの言っていることをきちんと受け取りましたよ」と伝える。
・「相互的感情調節」――感情が高まっているときに、セラピストが積極的にその感情を一緒に調節する。

もしも先の質問への答えが「探索」であるならば、体験に明確に焦点化し、体験的に探索する介入を選びます。探索の介入には次のようなものがあります。

・「防衛とのワーク」――防衛がどのような役割をもっているかを探索し、その起源を理解し、防衛の今まで果たしてきた機能を肯定する。または、防衛を迂回してコア感情へと到達することを目指すこともある。
・「感情のプロセシング」――出てきている感情に意識を向け、それを体験してもらい、その感情が変化するまで感じ切ってもらう。
・「ポジティブな体験／トランスフォーマンスへの注目」――喜びや誇り、遊び心などポジティブな体験、またはトランスフォーマンスに焦点化し、それを拡大・探索する（ポジティブ体験／トランスフォーマンスに関しては第3章参照）。
・「体験の促進」――今起こっている体験に留まってもらい、体験を深めてもらう。

- 「波長合わせによる体験の深化」——波長合わせをすることによって、ある体験に焦点化し、深めていく。
- 「体験に対する振り返り（メタプロセシング）」——何か体験のポジティブなシフトがあったときに、その変化に対して振り返りをしてもらう。「今……を感じてみて、どんな感じがしていますか？」「この作業をしてみて、今どんな感じがしていますか？」「私とこのワークをしてみて、どんな感じがしていますか？」などがある。

3－4．介入に対する相手の反応のトラッキング

先ほど想像したご自分のセッションのシーンに戻ってみましょう。自分の介入に対するクライエントの反応を、想像のなかでトラッキングしてみてください。ここで質問です。

あなたの介入に対して青信号（そのままの介入の方向性で合っているというサイン）が見えるでしょうか？　青信号サインの例として、パッと笑顔を見せる、大きなうなずきがある、目線を合わせる、体験の探索が進み体験が深まっていくなどがあります。

それとも、あなたの介入に対して赤信号（介入の方向性が合っていないというサイン）が見えるでしょうか？　赤信号サインとは顔をしかめる、目線をそらすもしくは下を見る、沈黙が長い、緊張感が走るなどです。これらのサインは「その介入は嫌だ。そっちには行きたくない」と告げています。

青信号サインが見えたら、そのままの介入の方向性で大丈夫だ、ということです。それを確かめながら、また次の介入を考えてみてください。安心安全が先ほどの介入で深まったようでしたら、次の介入は体験の探索に行ってみるのもいいかもしれません。

もしくは、もし介入をしてみて赤信号サインが出てきたら、セラピストは早く探索へ行きたくてもまだ安心安全が足りない、ということかもしれません。あるいは、出てきそうになっている感情が禁じられた体験なのかもしれません。だとしたら次の介入は、安心安全を引き出せるような介入の種類が適切でしょう。

このようにこの段階では、さらなるトラッキングによって次の介入をし、その反応をトラッキングし、次の介入に生かすというように、トラッキングと介入を循環的に行ったり来たりしながらプロセスを深めていきます。

ここからはこのトラッキングのモデルを実際のセッションの逐語録を使って一緒に見ていきます。先ほど挙げたセッションの逐語録からトラッキングが使われている箇所を抽出し、細かく解説を付けました。

4. セッションにおけるトラッキング

4–1. 情報収拾としてのトラッキング

Cl：そうですね（小さなうなずきを何度かする）。なので、なんか人生って“everything happens for a reason”とかいうじゃないですか。でも、これってなんで起きるのかな（首を傾けて声が微妙に震える）とか……（チラッと無防備な表情になる。声が少し震える。うなずく）考えはじめた感じ……（Clの視線が一瞬上方へ。

そのあとうなずきながらThとアイコンタクトを取る。Thも同じ速度でうなずく）

非言語情報がこの短いセクションにもたくさんあることがおわかりになるかと思います。実際はここで書いているよりもっと大量の非言語情報があるわけですが，これだけは押さえておかなくてはならないトラッキングの原則を示しました。

また，セラピストはこれらの非言語情報をトラックしていますが，すべての情報を介入に使うわけではありません。たとえば「今，うなずきましたね」「今，上を見ましたね」などと気がついたものすべてを言語化するわけではありません。そんなことをすると話の流れの妨げになってしまいますから。

そうではなく，静かにクライエントの非言語情報をマインドフルに観察していきます。

4-2. エントリーポイント——注目すべきサイン

トラッキングを継続的にしているうちに，その人のベースラインの癖や傾向がわかってきます。あえて口に出す必要はないことが多いですが，「あ，これは注目したい！」という感情の兆しと考えられる非言語情報サインが目を引くことがあります。この注目したいサインを「エントリーポイント」といいます。これは介入の足がかりになるものです。

そのような「あ，これは注目したい！」というエントリーポイントは，今まで学習している感情のパターン認識に，目の前で起こっているクライエントの表情が合致したときにわかります。

たとえば，このセッションではここまで声のトーンや顔の表情が安定していたクライエントですが，「これってなんで起きるのかな」と言ったとき、首をかしげて声が微妙に震えました。これは何か感情的なものが動きはじめているサインだと、セラピストは認識しました。ここがエントリーポイントです。感情を大切にするＡＥＤＰでは何らかの感情（コア感情）が出てきそうなときにはそれを素早くキャッチして、注目し、その体験を深められないか工夫していきます。

表情が示している感情が何であるのかはっきりとわからなくても、「あ、今ここで何らかの感情が出てきている」という認識をもてたらそれだけで十分です。その認識がエントリーポイントとなり、介入につなげていくことができます。

4－3．言語と非言語のギャップに注目する

また、この段階で言語と非言語のギャップに気がつくこともあります。クライエントが言葉では「辛いんです」と言いつつ、顔の表情は笑っていたとしたら、そのギャップは見逃せません。

「あ、今ここで感情的に何かが起こっている」

「あ、ここで言っていることと顔の表情が一致していないな」

そんな認識ができたら、マインドフルな瞬時ごとのトラッキングがきちんとできている証拠です。

5. トラッキング・チェックシート

トラッキングで得られる情報は膨大です。その情報のなかからどういうときに介入を決断するか、その指針となるリストを紹介します。トラッキングをしていて次のどれかの項目に当てはまるときに、介入につなげていきます。

□ クライエントのベースラインと違う感情が出てきたとき
（例－普段感情を見せない穏やかな人がチラッと見せた怒りの表情）

□ 言語と非言語のギャップがあるとき
（例－口では「大丈夫です」と言っているが、涙が溢れ出ているとき）

□ 大切なコア感情が出てきそうなとき
（例－怒り、悲しみ、うれしさ、誇り、自尊心、愛着のニーズを示しているとき）

□ 不安や防衛に関する感情で調節すべきものが出てきたとき
（例－セラピストの顔も見ることができないくらい不安が高いとき）
（例－防衛的感情がコア感情の表出を妨げているとき）

6. トラッキングの情報を使った介入——アウトプット

最初のトラッキングは、セラピストの頭のなかだけで起こっているプロセスでした。次のステップとして、そのトラッキングで得た情報をどのようにクライエントに向けて介入として使っていくか、ということになります。

6−1. トラッキングから介入へ——ケーススタディ

この段階では、先にも紹介したように、トラッキング情報に基づいて相手の感情を探索したいのか、それとも安心安全のサポートをしたほうがいいのかを判断します。すべての介入の選択肢を網羅してはいませんが、重要なものだけまとめると次のようになります（詳しくは第5章参照）。

⬇ 安心安全の体験が必要だと判断したら、「肯定」「関係性の強調・孤独感の軽減」「波長合わせ」などの介入をする。

⬇ 体験の探索に行けると判断したら、体験に焦点化し、体験的に探索する介入をする。「身体感覚の深め」「体験に対する振り返り（メタプロセシング）」「防衛とのワーク」「感情のプロセシング」「ポジティブな体験・トランスフォーマンスへの注目」など。

たとえば、安心安全の感覚を促進したいときは、クライエントの不安が高い場合が想定できます。不安が高いサイン、たとえば目がキョロキョロ動いている、呼吸が早い、しゃべり方が早いなどが見られれば、波長合わせをしながら次第にゆっくり呼吸の速度を落としていくとか、「ちょっとスローダウンしませんか」などの言葉で介入し、不安を調節できないかやってみるといいでしょう。

不安が孤独感につながっていそうな気配があれば（対話のなかに「独りぼっちで」というような孤独に関する言葉が使われるなど）、関係性を強調する言葉の介入（「私がここにいてあなたをサポートしています」）や波長合わせなどを丹念にして、クライエントが独りぼっちに感じないような安心安全を醸し出せるよう工夫してみます。

ではここで、先ほど見たセクションの続きではどのような判断がなされ、介入につなげていったか見ていきましょう。

Cl：そうですね（小さなうなずきを何度かする）。なので、なんか人生って“everything happens for a reason”とかいうじゃないですか。でも、これってなんで起きるのかな（首を傾けて声が微妙に震える）とか……〈無防備な表情。声が少し震える。うなずく〉考えはじめた感じ……（Clの視線が一瞬上方へ。うなずきながらThとアイコンタクトを取る。Thも同じ速度でうなずく）〈2人の波長がピッタリと合っており、しっかりとしたアイコンタクトをしている。これらのサインからある程度の安心安全の感覚が存在していると感じられる〉

Th：今ちょっと話しながら、どんな気持ちが湧いてきていますか？〈探索の介入へ踏み切ってみる。感情の高まりのトラッキング情報に基づいてすぐさまその瞬間をつかみ、感情体験へ焦点づけする〉

ここでセラピストは、クライエントの声の揺らぎを感情に関するサインだと受け取りました。そしてその認識に基づいて感情への焦点化の介入しているのがこの瞬間です。「今ちょっと話をしながら、どんな気持ちが湧いてきていますか?」と、「気持ち」すなわち感情に焦点を当てています。感情体験への焦点づけをまず行って、その後に探索を促進していこうとしている瞬間です。

ここで介入が始まりましたので、その直後にするのは、さらなるトラッキングです。

6−2. 介入後の相手の反応のトラッキング――ケーススタディ

さらに、セラピストは介入に対するクライエントの反応をトラッキングし、そこで得られる非言語情報に基づいて次の介入を決めていきます。

⬇ 前の介入に対して青信号（介入の方向性が合っている）が見えるか
⬇ 前の介入に対して赤信号（介入の方向性が合っていない）が見えるか

セッションのなかでは前の段階で「今ちょっと話をしながら、どんな気持ちが湧いてきていますか?」と感情に焦点を当て、探索に方向づける介入がなされました。

大切なのは、セラピストの言葉とクライエントの反応のトラッキングの組み合わせです。ですから、セラピストが介入した直後、どのようなクライエントの反応が出てくるのかをトラッキングしていきます。

Cl：ちょっと感情が〈笑顔。「感情が」と言うときClの声が少しまた震える。笑顔と泣きそうな顔と素早く行ったり来たりする。何度もうなずく〉。

クライエントはセラピストの感情の探索の誘いに応えて、「ちょっと感情が（出てきている）」、と感情の表出を認識しました。彼女の非言語サインをトラッキングをしていると、身体的にもまた声の震えが観察されました。これらは感情がすぐそこまで出かかっているサインですから、介入に対する青信号と受け取れます。ですから、ここでセラピストはさらなる探索を促します。次のセクションでは「介入→トラッキング→介入→トラッキング」というふうにトラッキングと介入を何度も繰り返します。このようにして感情体験を深めていくのです。

セッションの続きを見てみましょう。

6-3. 感情のプロセスを徐々に深める

Th：そうですよね（ゆっくりとClの話し方と同じ速度でうなずきを合わせながら。相互的感情調節）〈受容とうなずきと話し方の速度を使った非言語の波長合わせ〉。ちょっとその感情を出させてあげられます？（Clは視線を下方に向ける。泣きそうな表情。何度かうなずく）何のジャッジメントもなしに（優しい声で）〈無防備なコア感情のサインと思われる表情をトラッキングし、さらなる感情体験を促進する言語介入につなげる。探索へグイグイと引っ張るのではなく、波長合わせや受容を入れて、安心安全の関係性のなかで探索を促進している〉。

Cl：そうですね（泣きそうな表情。声がまた震える。涙をこらえている。眉が中央に寄って、目が下を向き、口角が両方下がって悲しみの表情のほうが勝ってきている。もう笑顔は影を潜めており、Clは悲しみの表情にずっと留まっている）〈感情のさらなる深まり〉。

ここまで来て、最初チラッとしか見せることができなかった何かしらの感情が本格的に、先ほどよりも長い時間、出てきているのがわかります。

ここでは「トラッキング→探索と安心安全の間を行き来する介入→トラッキング→介入」という循環的なフローのなかで、クライエントの「今ここ」での感情状態に合わせて、そのつど介入が微調節され、時には安心安全を促進し、時には感情の探索に誘い込んで行ったり来たりするうちに、感情のプロセスが徐々に深まっている様子が見えます。

6－4．理性ではなく感情に焦点を当てる

Th：ええ、うーん（波長合わせ。ゆっくりとした柔らかいパラバーバル（paraverbal）な音を出し、彼女の気持ちをサポートしようとする）〈防衛的な笑顔が影を潜め無防備な感情（コア感情。ここでは涙）が出てきそうなので、関係を安心安全にしたい。表出されつつある彼女のコア感情を非言語的にサポートしようとしている〉。

Cl：（16秒ほどの沈黙）（瞬きが速くなる。指と指を擦りつけている。ちょっと首をかしげる）〈これらの非言語の動きは感情の活性化（activation）が起こっているサインで、不安が高まっているときや感情が出てきそう

なときに現れる。自分で感情調節をしようとしている〉

Cl：ちょっとティッシュお借りしてもいいですか？（声を出して笑いながら）〈笑顔（防衛的）で涙を押し込めようとしているような感じ。体のなかで起こっている感情に伴う緊張を、涙ではなく笑うことでリリースするかのよう。湧き上がってくる感情に伴う緊張感を押さえ込もうとする動きと、リリースしようとする動きとが同時に見える〉

Th：あぁ、ここにあります（Clのそばのティッシュボックスを指しながら）。

Cl：で、そのまぁ（ティッシュで鼻を拭きながら。涙が出そうなので鼻水が出てきているよう。それと同時に両手で手のひらを押し出すようなジェスチャーをしながら）私を苦しめて……（説明をしようとし、涙を無視して先に進もうとする）〈感情の表出（涙）と同時に出てくる防衛（コンテンツへ行こうとする知性化の防衛）〉

Th：あ、ちょっといいですか（素早く、優しい声のトーンで）〈Thとしてはせっかく涙が出てきているので、それをきちんとつかみ取り感情に焦点化したい。非言語で見て取れる感情に焦点を当てることを優先し、言語的コンテンツへ行くのを意図的に止める〉（Clは笑顔のまま）。話に行く前に、今ちょっと何が出てきているかなって……（ゆっくりとした柔らかい口調）〈Clの「感情」へのThの好奇心を伝えることで、感情に焦点化をする〉

このセクションでは、クライエントは涙を無視して、知性的な話（コンテンツ）へと進もうとします。それをセラピストは止めています。そして話を聞くのではなく、今ここで出てこようとしている涙、つまり感情表出に優しく、しかしはっきりと焦点化します。なぜなら、感情を深め、プロセスすることで変容が起こってくるからです。このように感情が湧き起こっているときに「クライエントが話したがっているのだから」と話をさせてしまうと、貴重な感情を今ここで捉えて体験してもらう機会を逸してしまいます。ですから、優しいトーンで、しかしはっきりと、クライエントが進もうとしている話から感情へと焦点を変えるよう、セラピストがしっかりとリードします。

次に何が起こったか見てみましょう。

6-5. サポートを求められる

Cl：あっ（ハッとした感じで。目を下方に向ける。自分の内部を探っているように）。なんだろう。さっきまでは結構平穏でいたつもり（「平穏」と言うとき、手を真横にスライドさせるジェスチャーをする。「つもり」と言うときに声が震える。目がチラッと左上へ向く）だったんですけど（泣きそうな表情。目線を下に、口がへの字）〈悲しみの感情の深まり〉。なんか自分でもよくわからないけど……（片手で口を隠す。さっきよりもはっきりとした声の震えがある。Th のほうをしっかりと見る）

ここでトラッキングしていると、顔の表情・声の震えからさらに感情が活性化しているのが観察されます。同時に、クライエントはセラピストへ目線を向けているので、関係性的なサポートを求められているようにセラピストには感じられました。これは関係性的な青信号です。自分が感情を味わいはじめてちょっと困ったと感じているときに、目の前のセラピストを安全基地として見ていると考えられるからです。

ではセラピストは、そのような非言語のクライエントからのサインにどう答えたのでしょうか。

6-6. 安心を感じると感情を探索できる

Th：（Clの声のトーンや速度に合わせて、感情を込めながら）たくさんの気持ちが＊＊さんの胸のなかに詰まっている感じですかね……（Thは右手を自分の胸のあたりに向け、少し前後に揺らす）〈Clの感じているだろう感情の揺れを共感的に捉え、肯定している。声のトーンや速度の波長合わせ（第5章参照）〉

Cl：（うなずく。鼻をティッシュで拭きながら聞いている。涙がもうそこまで出てきている）

Th：なんかそれが今出ようとしているような（Thは右手を上に向け、目の前あたりで開いたり閉じたりするジェスチャーをする）。

ここでセラピストは手のジェスチャーで共感的に涙が出てきそうな感じを捉え、その動きをわかっていますよ、と伝えようとしています。これは一種の波長合わせ、つまりあなたの状態を私は受け取りましたよ、と知らせる応対性の表現です（第5章参照）。このようにセラピストがジェスチャーを使って共感を伝えることで、安心安全を感じてもらえるよう導くことができます。そしてもし安心安全を感じてもらえれば、それを踏み台に感情の探索に向かっていけるわけです。またここでセラピストは言語でも「ここでその表出されようとしている気持ちを出させてくださいね」と何度も促しています。言語・非言語のレベルでの介入を使って、クライエントの感情体験が安心して表出されやすいようにしているのがここでの作業です。

クライエントをトラッキングしていると、うなずきが見え、涙がさらに出てくるのが観察できます。これらは介入が正しい方向に向かっているという青信号サインです。感情が次第に深まってきています。

この後、何が起こってくるでしょうか。

6－7．クライエントの抵抗が徐々に影を潜めていく

Cl：そうですね（大きなうなずき。Thとしっかり目を合わせる。本格的に涙が出てくる）〈感情体験への言語・非言語の青信号。言語的に同意していて、非言語的にも感情の深まりが見える〉。

Th：ねえ。うんうん（優しい声のトーンで）〈パラバーバルなサポート〉。涙も抑えないで出させてあげてくださいね。ここはそういうことをするところなので（優しい声でゆっくりと）〈言語・非言語で感情体験を促進する介入〉。

Cl：（大きなうなずき）（涙がこらえきれなくなって2分間泣きつづける）

セラピストが言語・非言語両レベルでの安心安全、そして行ったり来たりしながらの探索の介入をするうちに、クライエントの抵抗が徐々に影を潜めていき、涙をしっかりと感じ、流すことができました。そして2分間涙を流した後、クライエントは気持ちの整理ができて、自分はどうして仕事に行くときに気分が落ち込むのか、その理由が心の内側から湧き出てきたのでした。

7．セラピスト自身のトラッキング

感情認識には、パターン認識のほかに、感情的共感体験を通して相手の感情を知る過程（経験的共有）というものがあります。これは簡単に言うと、セラピストのクライエントへの共感を通じて相手がどんな感情を感じてい

るのかを知るもので、セラピスト自身の内的身体感覚、感情などを通したトラッキングの方法です。

たとえば、私がセッション中にクライエントの子ども時代のひどい虐待の話を聞いていたときに、彼自身は淡々と話しているにもかかわらず、涙が出てきたことがありました。そしてそれは明らかに悲しみの感情の涙でした。これはクライエントの内部で感じているであろう感情を、セラピストが身体的、感情的にピックアップして、それを共感的体験として感じたと考えられます。

このように、セラピスト自身の内側に起こってくる身体感覚や感情もトラッキングしていると、相手を外から観察しているだけでは見えてこない感情を知ることができ、相手の感情への理解が飛躍的に豊かなものになっていきます。

関係性を大切にするうえで、セラピスト自身のトラッキングは不可欠なトラッキングのひとつです。

＊

この章では瞬時のうちに行っているトラッキングを要素分解し、それに基づく介入の選択についてお話ししてきました。このようにトラッキングは「今ここ」で起こっている体験を繊細に捉えることができる技法です。いわば体験的なカウンセリングの基本中の基本ですが、同時に上級者にとっても、よりきめ細やかな介入をしていくためにつねに使いつづけるツールと言えます。トラッキング（および介入の循環モデル）は、待合室でクライエントと出会った瞬間から始まり、クライエントがオフィスを出て行ってドアをパタンと閉める瞬間まで使いつづけていく、目には見えない、しかし癒しのプロセスをつねに下支えしてくれる技法です。

トラッキングをすることで、一つひとつの介入を相手の刻一刻と変化する状態に合わせながら繰り出していくことができます。すると、随時セラピストは軌道修正できるので、その結果、クライエントを効果的に助けられるわけです。

またトラッキングは独立して存在するものではなく、あらゆる介入を裏で支える土台のような技法です。安心安全の関係性をつくっていくうえでも、体験の探索をするうえでも、どちらの介入にしていくかはトラッキングの情報に基づいて決めていくのです。

トラッキングはまるで静かにいつも回っている車のエンジンのように介入を裏で動かしている、とイメージするといいかもしれません。

第5章 安心安全の介入
感情と関係性を深める

1. 安心安全の介入とは何か？

前章では、トラッキングで得られる情報が介入を選ぶ根拠となることをお伝えしました。刻一刻と変化しているクライエントの表情や、姿勢や、声の調子などをトラッキングして、相手がどのような感情状態になっているのかを見極め、その情報に基づいてその瞬間にもっとも適切と思われる介入を選んでいく、という過程でした。

第1章では、介入の種類を、安心安全を求めるものと、探索に向かうものとで大きく2つに分けました。この章では、安心安全を育んでいく介入の例を、それぞれ詳しい例とともに紹介していきます。さらにどのようなトラッキングの情報があったときに、どのような判断をして、どのような介入をするという決断に至ったのかも、パターンごとに提示していきます。

2．波長合わせ――安心安全の介入①

2－1．定義

波長合わせ（attunement）とは、言語・非言語を使って相手に「あなたの言っていることをきちんと受け取りましたよ」と伝える応対性ある介入です。うなずきや呼吸の速度をぴったりと合わせたり、ジェスチャーや姿勢を相手に合わせたり（ミラーリング）、声のトーンや速度、高低、また目線を合わせたり、相手の言葉を使ったり、相手の気持ちを正確に言葉にしたりする技法を指します。

波長合わせのためには、相手の「今」の状態を読んでいく正確なトラッキングが必要不可欠です。

2－2．波長合わせの効用

仲のいい友人や家族と話しているときに、「この人と話しているといい気持ちになるな」とか「安心するな」、または「気が合うな」と感じることはありませんか？　そのような人と一緒にいるときに、気をつけてその人が何をしているのか観察してみてください。うなずきだとか、ジェスチャーとかを使って、あなたに波長合わせをしてくれているのではないでしょうか。それを意識的にカウンセリングのなかでクライエントのために使っていくのが、波長合わせの技法です。

波長合わせは、見かけからは気づかれにくいのですが、安心安全の感覚を関係性のなかで育んでいくのに役立つ、とてもパワフルな技法です。

また理論的には正しいはずの介入をしていても、相手にうまく伝わらなかったり、通じているようでもプロセスが深まっていかなかったりすることがあります。そんな風に言語的介入がうまくいっていないとき、波長合わせに立ち返ってみると、相手の状態をしっかり見て身体的なレベルでつながりを構築することができるので、関係性のあり方を軌道修正することができます。そして関係性のつながりが安全なものになると、介入が相手に受け入れてもらいやすくなります。

2－3．トラッキングと波長合わせの介入パターン

〈非言語のトラッキングポイント〉
クライエントのうなずき、呼吸、姿勢、ジェスチャーなど
⬇ 同じチャンネル（呼吸なら呼吸、うなずきならうなずき）を使ってセラピストが相手に波長を合わせていく

- □ うなずき　→　うなずき合わせ
- □ 呼吸　→　呼吸合わせ
- □ 姿勢　→　姿勢のミラーリング
- □ ジェスチャー　→　ジェスチャーのミラーリング

このように波長合わせは、目や耳ではっきり認識できないくらいかすかな呼吸合わせから、ジェスチャーや姿

勢のミラーリングのようにわかりやすいものまで多岐にわたります。

特に呼吸合わせは繊細ですが、これができるとお互いのもつ身体のリズムが次第に同調してくるので、しばらくすると2人の間に一体感が生まれてきて、安心安全感が増し、その後の探索の介入へと向かいやすくなります。ちょっとしたことに見えますが、呼吸合わせは、意外に大きな安心安全感を醸し出す静かな立役者なのです。

波長合わせをするためにはトラッキングの能力が必要になります。相手がどのような息遣いで、どのような体の使い方をしていて、どこを見ながら話しているのか……セラピストに見えていなかったら何に波長合わせをすればいいのかわからないからです。

波長合わせをすると自分の体が相手に同調していくので、相手のリズムや状態を身近に感じられることもあります。たとえば沈黙がしばらく続くとき、いつしゃべったらよいだろうか？　どれくらい待ったらいいだろうか？……と不安になる方は多いと思います。波長を相手に合わせていると相手のリズムがつかめてくるので、セラピストに何か言ってほしいのか、それとも自分の内側で探索しているから静かに見守っていてほしいのか、その微妙な感覚がわかってくることがあります。１００％正確であることは不可能ですが、少なくとも波長合わせをしていないときよりは、どのタイミングで相手がコンタクトしてほしがっているのかという情報を得られる可能性が高まります。

では実際のセッションで、どのように波長合わせが使われるか見ていきましょう。

2-4. ケース紹介

クライエントは、それまでなかなか感じることができなかった大きな悲嘆の感情を味わうことができました。そ

波長合わせをしているかに注目して逐語録を読んでみてください。セラピストがクライエントのどの部分をトラッキングして、波長合わせをしているかの直後のセクションです。

Cl：（呼吸がだんだんゆっくりになっているのが見られる）

Th：（悲嘆の感情を感じることができたことについて）それってどんな感じですか？（声のトーンは優しく）〈呼吸合わせをしながら〉

Cl：そうですね……（細かくうなずく）う-ん、そうですね……

（Clが大きなため息をつく。目線は下のほうに向けられていて心の内側を探っている様子）（Thも合わせてため息をつく）

（Clはもう一度大きなため息をつく）

（Thももう一度合わせてため息をつく）

（Clは何度もうなずく）

（Thもそれに合わせて同じ速度で何度もうなずく）

〈しばらく無言だが波長合わせが続く〉

（Clが目を上げてThとアイコンタクトを取り、何度か細かくうなずく）

（ThもClと目を合わせて、細かく合わせてうなずく）

〈アイコンタクトはClの内部の探索が一区切りついたサイン〉

Th：何か感じているのかな？（ゆっくりとしたペースで柔らかい声）〈体験の探索〉

Cl：平和な感じです（うなずく）〈感情体験の変容の深まりが進む〉。

Th：平和な感じ……（うなずきがクライエントと同調している）〈言語的な波長合わせ〉

◉解説

ここでの介入パターンは、「感情体験のピークを越える→だんだん身体が落ち着く→波長合わせをして一緒にいる→トラッキングをしてClに準備ができたサインをきっかけに言語で介入する→落ち着いた体験に名前がつく」という流れでした。

このように、うなずきや呼吸、ため息などを通して波長合わせをしていくと、自然な形で新しい感情体験を深め、安心安全を土台にしながら探索できるようになっていきます。波長合わせができていると、セラピストが先走りして介入をすることなく、クライエントの身体的、また内的な準備が整う良いタイミングをゆっくり待つことができます。

3．肯定——安心安全の介入②

3－1．定義

肯定とは、クライエントの自己感や、体験や努力、価値観などでセラピストがポジティブな意味を見出し、それを伝える介入です。感情的なサポートや励ましなども含まれます（Fosha, 2000；Iwakabe & Conceição, 2015)。たとえば、クライエントの気質や、感情体験、価値観、体験、努力、また自己感などの一部に注目し、それを褒める、尊敬する、大切だと感じることを伝えます。またはセラピストが感じたクライエントに対する感動、感謝、ポジティブな体験などを、セラピストの自己開示を通して伝えることも含まれます。

3－2．肯定の効用

肯定には言葉を通じて、クライエントが相手（セラピスト）に支えられている、と感じてもらえる効用があります。安心安全の感覚を育んでいくには絶好の技法です。

クライエントが非言語のレベルでセラピストに支えられて受け入れられていると感じることは大切ですが、それに加えて言葉でもはっきりと「私はあなたをサポートしています」「あなたのお話を聞いて感動しました」「あなたのこんなところをすごいなと思います」などと自分の耳で聞くことは、さらに大きな心理的影響をもたらします。うすうすセラピストにサポートされていると感じるだけより、こうした言語的肯定があると、サポートされている実感が何倍にも増す可能性があります。

介入をしてもなかなか感情の探索が進まないときは、もしかすると安心安全感がまだ十分ではないのかもしれません。それに気がついたら肯定を何度か試みると、足りなかった安心安全感が増強されて、その後もう一度感情に焦点を当ててみたら体験が深まることもよくあります。

3－3．トラッキングから肯定へ

3－3－1．クライアントのコア感情を肯定する

〈コア感情のトラッキングポイント〉

例：目がウルウルしてくる（涙）、顎に力が入る（怒り・悲しみ）、手のジェスチャー、拳に力が入る、頬に血がのぼるなど

⬇ コア感情を肯定する

例：「……という気持ちなんですね」

「涙が出てきそうですね。流させてあげてください」

「今出てきている気持ち、とても大切な感じがします」

「ここではどんな気持ちでも大歓迎です」

セラピストがはっきりとクライエントの感情体験を歓迎して、「その気持ちをもっと知りたいです」「あなたの気持ちを大切に感じます」とはっきり伝えたら、クライエントは自分の普段抑えている感情が「今ここ」では受け入れられると感じることでしょう。相手に対する好奇心や歓迎を明確に伝えることで、感情を表現する土台となる安心安全感をつくることを目指します。

もしかすると「カウンセリングは感情を扱っていくものだとわかっているはずだから、あえて出てきている涙について言わないほうが、自意識過剰にさせなくていいだろう」とか「ここでは安心な場所だということはわかっ

ているはずだから、肯定などしなくてもいいだろう」と考える方もいらっしゃるかもしれません。

ですが、感情がまさに出てきそうな無防備な瞬間に肯定を伝えることが大切なのです。なぜなら人の感情や安心の感覚は、刻一刻と変化するものだからです。コア感情が今まさに表出されそうなタイミングで明確なサポートを言葉で伝えることによって、今までどうしても触れることのできなかった感情の探索の道が開けてくる可能性があります。クライエントに肯定を伝える技法を、ぜひ試していただいて、何が起こってくるか観察・体験してみてください。

3―3―2．クライエントのトランスフォーマンスを肯定する

〈トランスフォーマンスのトラッキングポイント〉

例：張りのある声、しっかりした迷いのない目線、背骨を自然に伸ばす、胸が開く、肩がリラックスする、手のジェスチャーの変化、真の笑顔など

⬇　これらのサインを肯定する

例：「今、声の調子が変わりましたね。何だか新しいエネルギーが感じられます」

「迷いがないみたいに見えます」

「今、自然に姿勢が変わりましたね」

「自分でどうすれば一番いいかはっきりしたのですね」

「知恵を感じます」

「勇気を出されましたね」

「その勇気に感動します」
「どんなことがあっても諦めないというのが、あなたらしさなのですね」
「今、あなたが一生懸命、私に何か大切なことを伝えようとしてくれているのが感じられます」

トランスフォーマンスは、なかなか自分ではわからないものです。自己感のポジティブな部分、たとえば義理堅い性質であったり、粘り強いところであったり、優しさ、または見えない努力をする気質などは、自分自身で肯定することはほとんどないのではないでしょうか。そんなことをすると「いい気になるな」といった声が聞こえてくる……そんなネガティブな刷り込みを、ほとんどの人がされているからです。カウンセリングでは、注目されていないその人の素晴らしいところ、つまりトランスフォーマンスを積極的に見つけ出して肯定していきます。

ひとつ気をつけなければならないことは、肯定をするときにセラピストがきちんと真摯に、相手のポジティブな面を「いいなぁ」とか「すごいなあ」と感じながら伝えることです。自分が本当はそうでもないと感じているのに、相手に嫌われたくないという気持ちや「そう決まっている技法だから言わなくちゃ」という気持ちから相手の良いところを褒めても、それは口先だけのお世辞になってしまいます。当然ながらそれはクライエントに伝わってしまいます。セラピストの真正性がないところで、小手先の技法に走ってしまうと、逆にクライエントを傷つけてしまうこともありますから、注意していきたいところです。

3－3－3．不安・赤信号・防衛のサインの肯定

例：呼吸が速くなる、目をそらす、肩が上がる、顔が赤くなる、手が震える、手で押しやるジェスチャーをする、手を振る、嫌悪や恐怖の表情を見せる、話題を変える、ジョークを連発する、体が後ろに遠ざか

る、表面的な「報告」の羅列に始終するなど
⬇ 不安・赤信号・防衛の肯定

例：「この話をすることで不安になるのはもっともですよね。はじめて話されることですものね」〈不安の肯定〉
「悲しみの気持ちが出てきたとき、嫌だなと感じるのも当たり前ですよね。嫌な思いを今までにされましたものね」〈危険の肯定〉
「こんな気持ちを感じないようにずっと頑張ってきたんですね。それにはきっと理由があるんでしょうね」〈防衛の肯定〉
「この気持ちを感じることを禁じられていたんですね」〈防衛の肯定〉

不安・赤信号・防衛のサインとは、大切なコア感情体験が出てきそうなときに、その感情から離れようとする内的・外的な体験、表現、行動を指します。不安・危険感情は、精神内部的なコア感情（怒り、悲しみなど）はもちろんのこと、対自コア感情（誇り、自尊心）や関係性的なコア感情（親密感）が出てきたときにも表現されます。それが目をそらすとか、赤くなる、手が震える、体が緊張する……などのサインで出てきます。こんなサインが出ているときは、その人のなかで安心安全が失われて、危険信号が発信されています。出てきている感情が喜びや誇りのようなポジティブなものであったとしても、それが危険だと認識されれば、その人にとって危機感を引き起こします。

危険感情や防衛が出てきたときに肯定を使う方法は2つあります。

ひとつは出てきているコア感情を肯定する方法、もうひとつは、あえて危険感情や防衛自体を肯定する方法

です。

危険感情や防衛自体が出てくるということは、それまでにその特定の感情を感じるにあたって、かなりのネガティブな体験をしてきたことの表れです。ですから、その防衛が生まれた歴史的背景を肯定すると、クライエントとしては「わかってもらえた」と感じることが多いのです。危険感情や防衛を肯定すると、安心安全の感覚を促進することができ、コア感情への探索を深められることがあります。

3−4．ケース紹介

次に具体的な例を引いて、どのように肯定の介入を使っていけるか見ていきましょう。


〈ケース1〉

ここで登場するクライエントの養育者は非常に否定的で、クライエントの無邪気な気持ちをことごとく否定する人でした。大人になった今でも、セッションのなかで自分の素直な気持ちをセラピストの前で表現することが難しい方です。クライエントは女性です。

このセッションでは最初にクライエントと簡単な瞑想をしていたら、「屈託がない」という感想が出てきました。クライエントは自分が屈託ない状態にいるのが難しい真面目な人です。セラピストは彼女の話し方から「屈託のなさ」は、相手とつながるために必要で、そして自己の自由な表現のトランスフォーマンスだと捉えました。ここでは、その状態が出現すると同時に不安が湧き上がってきたとき、コア感情やトランスフォーマンスを肯定することで不安の拡大を抑え、これらの体験が深まった例を紹介します。

Th：屈託のなさを、ここの部屋で私と一緒にいるときに感じてみたら、どんな風になると思いますか？〈探索の促進〉

Cl：え～！（驚きの表情と声）〈不安の上昇〉

Th：どうですか？　実験としてちょっと想像したら？〈イメージの探索を促す〉

Cl：もっと馴れ馴れしくなったら、（セラピストに）「いつも、ありがとう！」とか、「いつも人の話を長々と聞けて偉いね」とか（言いたい）〈無邪気な気持ちの表現。生き生きとした感情と関係性、トランスフォーマンス〉。え～、すみません！（ハッと我に返りThに謝る）〈赤信号〉

Th：自由にそういうところを出してみてあげてください。私はとても興味があります〈トランスフォーマンスの肯定・自己開示〉。

ここではクライエントがアクセスするのに慣れていない無邪気な気持ち（トランスフォーマンス・生き生きとした感情）に意味を見出し、それを自分のなかで考えるだけでなく、自分の興味を開示して肯定することをクライエントに伝えています。

この後、どうなるか見てみましょう。

Cl：え～、そういう気持ちを？　え～？〈不安が収まらない。彼女のなかでは無邪気さを表現することは厳禁〉

Th：感謝の気持ちなんですね〈Clのコア感情の肯定〉。

Cl：ええ、自分がちょっと5歳児っぽくいると、この大人の人はすごいなとか、そう思ったら言うかもしれないし……そういう感じ〈肯定に続き探索が進む〉。（しばらく沈黙。顔の表情が悲しみの表情に変わり、目に涙が浮かび、こぼれ落ちる）〈コア感情の浮上〉え！（自分の涙に驚いて）ちょっとなんかおかしいですよね……（手を眼の前で横に振る。撤回のジェスチャー）〈コア感情の悲しみに触れるが、一瞬にして不安が高まり、そこから回避しようとする〉

Th：出てきている気持ちをジャッジ（評価）しないで出させてあげてくださいね〈感情の肯定〉。

Cl：え～（声が高くなる）、え～、おかしいですよね、だってそんな！（驚きの表情）〈感情体験と認知パターンのズレがあることに自ら驚いている。危険感情〉

Th：ちょっと驚かれていますかね……〈危険感情の肯定〉

Cl：いえ、こんなことあまり考えたことがないので。子どもの頃でも考えたことがなかった。言ったらすごく怒られたので〈感情を否定されたトラウマが浮上〉。

介入の流れは、「トランスフォーマンス・感情への焦点化→不安→不安の肯定→コア感情への接触」というものでした。

このセクションでは非常にシンプルに、ターゲットであるコア感情とトランスフォーマンス、そして最後のほうで危険感情を肯定をしているだけです。にもかかわらず、それだけでプロセスが深まり、コア感情とそれにまつわる思い出が湧き出てくる過程が見えます。

次に見るセクションは先に見た部分から数分進んだところです。

セラピストが涙に注目し、まだその涙が何の感情の涙であるかわからないうちから、涙自体を肯定していきます。感情のラベリングよりも「今ここ」の感情体験をまず体験してもらうのが最優先だからです。するとだんだんクライエントの感情が深まり、探索も進み、新しい気づきが生まれる……というように、感情体験を深めた結果、気づきが深まる流れを観察してください。

Cl：思ったことを口に出すということがないんです。感じたことがなくて（言いながらじわっと涙が目に出てきている）〈防衛の認識〉。

Th：今出てきている涙って、そういった意味で大切な涙ですね〈コア感情体験と表現の肯定とその重要性の強調〉。その涙を無理して押し込めないで、ゆっくり感じてあげられますか？〈感情の深め（感情の深めに関しての詳細は第6章参照）〉。

Cl：「無邪気で屈託のない子どもらしいことを言っちゃいけない」と思って（目を閉じて数秒沈黙）〈自由な自己表現へのタブーの言語化〉……でもそういうことを屈託のない人は言ってる！（ホッとした笑い）〈感情に焦点を当ててプロセスすることで認知が変化し拡大した。内側から生まれた気づき〉

Th：そうですね！〈気づきの肯定〉

Cl：はあ～（大きなため息。ブレークスルー）

◉解説

介入の流れは、「涙→涙の肯定→感情の深まり→クライエント自身による自己表現のタブーの認識→認知の拡大・新しい気づき」というものでした。

「涙が出る→涙の肯定→感情の深まり」という流れは、よく出てくる介入のシークエンスです。感情のワークには欠かせませんので、ぜひ介入パターンとして覚えて、どんどん実際のセッションで使ってみてください。クライエントの認識している防衛の探索ではなく、今出てきている涙の肯定を優先します。涙はとても生々しいコア感情を表すことが多いからです。

〈ケース2〉

次に紹介するクライエントは若い女性で、1回きりのデモセッションでお会いした方です。彼女のバックグラウンドをセラピストは知りません。

このセッションでは「生きづらさ」というキーワードが出てきました。自分の硬さ、頑固さみたいなもの（防衛）があって、それが自分を生きづらくさせているけれど、それを友達に指摘されて傷ついています。それがきっかけになって、自分の生きづらさを自分でも受け入れていないことがわかり、それに気がつくと涙が出てきます。

このセクションでは、彼女の生きづらさ（防衛）を正面から受け入れてみたらどうだろうか、とセラピストが提案するところから見ていきます。ここではセラピストは防衛の肯定を丹念にしていきます。

実際のセッションでは、防衛の肯定だけをひたすら進めていくことは少なく、防衛の肯定（安心安全づくり）と防衛の探索、またその作業に伴う感情や気づきのプロセシング（探索）を行ったり来たりします。ここでは、防衛の肯定がどのようなクライエントの反応を引き起こすか、それに注目してください。

Th：自分の生きづらさを受け入れるってことを、ちょっと2人で見ていきますか？〈防衛の肯定を体験的に試してみたいのでクライエントの許可を求める〉

（2人ともうなずく）〈波長が合っていて、ある程度の安全安心はある〉

Cl：（涙が出る）

Th：今ね、なんか涙が出てきているじゃないですか……今出てきている涙は、なんて言っていますかね？〈トラッキング。身体感覚の深まりと探索を試す〉

Cl：（生きづらさの防衛の部分が）その通りだよね（と言っている）、みたいな〈防衛からの言葉。防衛からの介入の肯定。生きづらさを受け入れることが感情的なインパクトを引き起こした〉。

Th：ええ、ええ。その生きづらさの部分が言ってますかね、その通りだよねって。ちょっとその出てきている気持ちと一緒にいてあげましょうか。「その通りだよね」〈防衛の言葉を波長合わせすることで肯定。それと同時に感情体験に留まることを促進〉。

Cl：それはわかってるんだよねっていうか。

Th：あ、ええ。「それはわかってるんだけどね」〈肯定〉。その次にどんなセンテンスが続きそうですか？「それはわかってるんだけどね……」〈さらなる探索〉

Cl：うーん、難しいよねっていうか……〈防衛からのメッセージ。探索が進む〉

Th：うん。何が難しいって感じていますかね、その部分は？〈防衛の探索〉

Cl：なんか、こうすぐに変わることとか（うなずき。Thも波長合わせして2人で何度かうなずく）〈防衛の変化への抵抗〉。

Th：ああ。じゃあ、すぐにね、最初はちょっと、変わらなくていいんじゃないっていう風に変えてみたら、そしたらその生きづらさの部分って、なんていう感じでしょうね？〈防衛の抵抗の肯定と受容を実験的に勧めてみる〉

（沈黙――約50秒）（顎に力が入っているのがわかる）

Cl：なんか、ちょっと、うーん、なんか真っ白い感じっていうか、無のような感じ（ちょっとホッとしたように笑う。手を胸の前で縦に振るジェスチャー）〈防衛を肯定することで新しい体験が湧いてきた〉。

Th：ふーん。真っ白い感じ〈波長合わせ〉。

Cl：なんか、どうしよう〈新しい体験だからこそ出てくる戸惑い〉。

Th：どうしよう〈波長合わせ〉。

Cl：うーん、変わらないってなると、じゃあどういう感じなのかなぁみたいな（笑う）、ちょっと止まる感じがあって〈防衛のイメージの変化〉。

Th：ええ。それってどんな感じですか？　止まる感じ……無になって止まる感じ……〈肯定と変容体験の探索〉

Cl：なんかやっぱり受け入れられてなかったので、なんとかしようっていうのが大きかったっていうのとか〈防衛を変えようというプレッシャーが自分自身のなかで大きかったことが判明〉。（Th：なるほど）取り繕ったりとか……で、うん、その人に言われたのもそうだし、そういう、なんだろう、その自分の生きづらい部分について言われると、変えなきゃって。

Th：ああ、ああ。変えなきゃって、こうプレッシャーがすごかったんですね。

Cl：だったので、変わらなくていいよってなってみると、じゃあ今のままでいいのかなみたいな〈自己の受容の可能性の認識〉。

Th：うん。ちょっと積極的に、今のままでいいよっていう風に、その部分に言ってあげたらどうですかね？〈実験的に防衛を含めた自己受容をさらに探索〉

（Clがうなずく。波長が合っていて2人で何度か同じタイミングでうなずく）

（沈黙——約50秒）

Cl：なんかすごい、やっぱり今まですごく否定してきた部分で、すごい硬いなみたいな。頑固〈防衛の描写〉。

Th：頑固。うんうん。そこの部分が頑固になるには、たくさん（他の人に）いろいろ言われたんじゃないかなぁって（思うんですよね）〈防衛の生まれた背景の理由を想定してその存在を肯定〉。

（沈黙――約50秒）

（Cl、涙が出てくる。ティッシュで涙を拭う）

Cl：なんだろう、頑固にしてきたのも自分だし、でもその頑固な部分も自分を守るためなんだなっていうのも、なんか必死に、なんだろう、なんとかしようとしてきたんだなぁって、思って〈防衛への深い共感的理解〉。前よりもその頑固さが、頑固でもまあ、そんなに良いかなぁっていうのは、前よりも思うようになったっていうのは、今思って、感じてる〈防衛の受容が進む→自己の受容へ〉。

◉解説

ここでの介入のパターンは、「防衛の浮上→防衛の肯定と受容→防衛の溶解→防衛の受容の深まり」という流れでした。

このように、防衛のできた理由をしっかりと肯定してあげると、防衛が解けてくることが多くあります。防衛の肯定、というと逆説的に聞こえて、そんなことをしたら防衛がより強固になってしまうのではないか、と思われるかもしれません。ですが、実際は生きている人間と同じで、防衛もその存在理由を肯定すると解けてくれることが多いのです。

そして防衛が解けてくると、それまでクライエントが苦しんできたテーマである「自己受容」につながっていきました。つまり防衛を受容することで自己の受容へと発展していったのです。

◉防衛の迂回

防衛の扱いには肯定だけでなく、いくつもの方法がありますが、なかでも頻繁に使うものを、もうひとつご紹介します。

それは「防衛の迂回」と呼ばれるものです。防衛は幼い頃、ほかに生き延びる方策がなく、自己感と他者（養育者）との関係性の保存のために生み出された苦肉の策です。ですが、コア感情に触れてそれをプロセスする作業を妨げるのも防衛です。ですから、防衛の生まれてきた歴史的文脈を認めつつ、その防衛を迂回してその背後にあるコア感情にアクセスしていく介入をすることがあります。それが防衛の迂回です。

防衛の迂回の手順は次のようになります。

①防衛が出てきたことを認識する

例：「今、あなたの気持ちにフォーカスしようとしたら、それを分析しようとする部分が出てきたようですね」

例：「お母さんの話になったら、話題を変えられましたね」

②防衛は、これまでの生きてきた歴史のなかで、自分を守るために必要だった方策だと理解する

例：「きっと、その分析的な部分が出てきたのには訳があるんでしょう。ずっと感情をもったらダメだって言われてきましたものね。無理もないことですね」

例：「気持ちなんて感じたくないっていうのは、何かが心のなかで起こっているんでしょうね」

③「今ここ」だけでよいので、イメージのなかで防衛を脇に置けるかどうかの了解を得る（オフィスの外やソファの横など具体的な場所を言うとより明確になりやりやすい）

例：「その分析的な部分（防衛）をイメージできますか？（間を置き、相手をトラッキングし反応を見る。イメージできたようなら）その分析的な部分はどのようなイメージですか？（例：「四角の積み木」など）その四角の積み木の部分に、今あなたの気持ちに触れる間、ちょっとだけ横のソファに座って休憩してもらえるか頼んでいただけますか？」

例：「その気持ちなんて感じたくない部分をイメージするとしたら、何が出てきそうですか？」（Cl：「怒っている母親が見えます。感情を感じるなんて、弱い人がすることだって」）「今はここであなたの大切な気持ちにフォーカスしたいから、その怒っているお母さんにちょっとだけ横で待っていてもらえるか聞いてもらえますか？」

⬇　防衛の部分からの了解が得られたあとで、④へ進む

⬇　防衛から了解が得られない場合は、コア感情へ進む前に、防衛の生まれた起源や防衛の果たしている機能などをじっくり聞き出す。そして昔は生き延びるために必要で自分を助けてくれた防衛の方法（ベネフィット）が現在はもう古くなっていて、不利益をもたらしていること（コスト）を理解する作業をする。

④防衛を脇に置いたあと、どのような感覚や感情の変化があるかをチェックする

例：「今どのような感じがしていますか？」

このように防衛を明確に認識してもらったあと、防衛を迂回してコア感情に触れられるよう了解を取って交渉します。この手順を踏むと、意外にもすんなりと防衛が脇に置かれ、コア感情に触れられることは多いのです。

実際のセッションでの防衛の迂回の使われ方は、第8章のセッションの逐語録にあります。参考にしてみてください。

4. 関係性の強調と孤独感の軽減——安心安全の介入③

4-1. 定義

アタッチメントベースのカウンセリングでは、クライエントとセラピストとの関係性を強調し、孤独感の軽減を図ることで、クライエントがそれまで独りでは目を向けることのできなかった心の暗がりに、一緒に目を向けていきます。

心の作業をクライエントとセラピストの「2人」で行っていることを明確にして、クライエントが独りだと感じないようサポートをします。そうすることで関係性を安心安全なものへと促進していく介入です。

4－2．関係性の強調・孤独感の軽減の効用

関係性と感情が密接に関係していることは、第1・2章でお伝えしました。私たちは独りぼっちだと感じると、感情をきちんと味わうことができません。そして感情を味わえないために、防衛をコーピングの手段として使用します。

ですが、信頼できる誰かと一緒にいると感じると、独りで感じるには恐ろしすぎる感情に触れられるようになります。安全な関係性のなかで感情に触れることができると、防衛を使う必要がなくなり、適応行動を促す感情の恩恵を機能的に使っていけるようになるのです。

ですから、セラピストは「私たちは一緒にこの心の作業をしていますよ」「私はここにいますよ」「あなたは独りじゃありませんよ」というメッセージを言葉で、目線で、ジェスチャーで、息遣いで、うなずきで伝えていくのです。

4－3．トラッキングから関係性の強調・孤独感の軽減へ

4－3－1．クライエントが孤独を感じているとき

〈言語による孤独感のトラッキングポイント〉

クライエントの言葉のなかから孤独を示唆する言葉を拾う

例：「今まで僕はずっと独りっきりでやってきたし……誰も助けてくれないし」

「私はここにいますよ」

⬇

「私がここにいるのが感じられますか？」

⬇

「あなたの痛みと一緒にいていいですか？」

⬇

「私たち2人で一緒にこれを見ていけますか？」

⬇

クライエントがはっきりと孤独を感じているとき（「独りぼっち」「孤独」という単語が使われる）、セラピストは「私はここにいますよ」というふうに言葉と態度で示すと、クライエントがはっきり「今は自分は独りじゃないんだ」と気づくことがあります。

目の前に自分がいるからクライエントは独りではないとわかっているだろうと思われるかもしれませんが、孤独感をずっと引きずってきた人は、目の前に誰がいようがそれを認識することができません。その人が自分で「今は自分は独りじゃないんだ」と気がつくことは非常に難しいので、セラピストのほうから「私はここにいますよ」と明確に伝える必要があります。それがないとずっとクライエントは「孤独」のなかにいるままになります。

例を挙げましょう。以前セッションのなかでクライエントが「独りぼっちで雨のなかを歩いている感じがする」と言ったときに、私が「その絵のなかに私も入れてくれませんか？」と言ったらパッと顔が明るくなって、「はい、それは簡単にできます」とおっしゃったのです。そしてそれまでは感情の探索に対して「嫌だ」と思っていたのが、2人で心の作業をやっていくと明確にわかってから、その作業自体が「まるでワクワクするアドベンチャーみたい」に感じるまでに変化しました。これは精神内部の状態が孤独なとき、目の前にいるセラピストが関係性的リソースを明確に差し出すことで、クライエントがそれを取り入れ、安心安全を感じ、それがスプリングボードになって、精神内部の探索を牽引するトランスフォーマンスが出てきた例です。

4-3-2. クライエントが触れにくい感情に苦しそうなとき

〈感情と防衛・赤信号感情のトラッキングポイント〉

クライエントのなかに非言語・言語でコア感情と防衛・赤信号感情がせめぎあっているのが観察できる

例：涙が出てきているのを必死で止めようとして顎に力が入っている、唇を噛み締めて感情をコントロールしようとしている、拳に力が入って身体的エネルギーが高ぶっているのが観察できるが外に出ないように懸命にこらえている、など

⬇「私はここであなたのことをサポートしていますよ」

⬇「私はあなたの感情（涙、怒りなど）をもっと知りたいです」

⬇「今出てきている気持ちを2人で見てみませんか？」

クライエントが感じるのを禁じられてきた感情や強烈な感情、たとえば怒りや悲しみに触れつつあって苦しそうなときは、セラピストが「私がここにいて、あなたのことをサポートしていますよ」「その感情を私は受け入れますよ」「私はあなたの今感じている感情をもっと知りたいです」とシンプルかつはっきりと伝えます。明確な関係性のサポートをリソースとすることで、コア感情と防衛・危険感情のはざまで引き裂かれているクライエントを、コア感情のほうへと導くのです。

たとえば、普段は絶対に泣かないクライエントが、苦しそうに涙を流しているときのことを考えてみましょう。涙は少し出てきていて、同時に防衛も出てきて（例−歯を食いしばっている）、涙を流さないように頑張っているような状態があります。そんなときには関係性の強調をしてみます。クライエントはコア感情と防衛に引き裂かれ

て独りで苦しそうなとき、関係性を強調すると、「今ここ」ならば今まで禁じられていた気持ちを出していいと認識し、感情を味わう方向へ進むことができることが多いのです。

または、これから見るように、ポジティブな関係性的感情（相手に対する好奇心や愛情など）が出てきており、それに対して防衛も出てきて、感情を押し込めようとするときもそうです。

これは、感情は安心安全な関係性があってはじめて体験でき、調節でき、探索できるという視点から、関係性的サポートを差し出すことで感情体験を促進する介入です。

4－4．ケース紹介

このセクションで紹介するクライエントは、先ほどのケース1と同じ方です。セラピストがクライエントの感情を知りたいという好奇心を全面に押し出して自己開示することで、それまで禁じてきたコア感情に触れる場面です。

ここではイメージを使って「くよくよ悩まない」5歳児（内的な子ども）だったら、セラピストに対してどんなことを言いたいかを探索しています。

Th：そうですね……さっき出てきた5歳児が私に対して言ってくれたこと（感謝と尊敬の気持ち）って、すごくかわいいなって思ってて（笑）。そんなふうに見ててくれるんだなあって思って（笑）〈クライエントのセラピストにつながりたい気持ち、すなわちトランスフォーマンスを肯定〉。

Cl：あ、でも、そうですね、言った瞬間に「あ、やばい！　変なこと言っちゃった！」と思って〈それまで禁じられてきた屈託のない感情表現に対する赤信号〉。

Th：ああ、そうだったんですね。「あ、やばい、変なこと言っちゃった！」ってブレーキがかかる〈赤信号感情を肯定〉。私はそういう無邪気な発言、屈託のない発言もウェルカムなので、その5歳児の部分のちょっと無邪気なところをもっと知りたいなって思っています〈重ねて屈託のなさを肯定。自己開示を通したここでの関係性の強調〉。

Cl：ああ、そうですね、そのくらい4、5歳の頃はなんでも口に出していたと思います〈青信号〉。

Th：私に言いたいことがあればもっともっと聞きたい気がします〈好奇心を明確に伝える。「この関係」では感情を表現することが肯定されているというはっきりしたメッセージ〉。

Cl：（うれしそうに笑う）ああ、屈託がない、ね……そうですね、いつも（Thが）ニコニコされてて、なんかうれしい。ニコニコしてもらえばうれしい、安心する。そうですね。1回も否定しないし、怒らないし（ちょっと笑う）。すごいな、偉いなぁ（5歳児の口調で）〈関係性を強調した後、探索が進んだ。安心安全の感覚が生まれている〉。

Th：すごいな、偉いなぁ〈クライエントの言葉を波長合わせ〉。

Cl：聞いてもらえてうれしいな、とか（笑）〈さらに感情体験とその言語化が広がる〉。

Th：聞いてもらえてうれしいなって〈声のトーンを合わせて、同じ言葉で波長合わせ〉。

Cl：何でも言えるな、とか（しばらく沈黙）お母さんみたいだな、とか。あ、実の母親じゃないですけど（苦笑）〈関係性修正体験〉。

Th：理想的なお母さんみたいなね……〈新しい修正体験の肯定〉

Cl：（うなずく）理想的な大人というか、人間……そうですね、世界中がこんな人だったらよかったのにな、とかなんかそんな（笑）〈屈託がない自由な表現。さらなる修正体験と言語化が進む〉。

Th：はい（笑）。たくさんしゃべってくれてうれしいです（5歳児に話しかけるような口調で）〈自己開示を使った肯定と励まし〉。

Cl：（うれしさと気恥ずかしさが入り混じったかのような笑い）

Th：5歳児の子が感謝してくれていますね〈クライエントの感情サインに応じたはっきりとした肯定・うれしさの自己開示〉。

Cl：感謝して、偉いなぁ、って。そうですね、尊敬ですかね〈関係性的コア感情のさらなる明確化〉。

◉解説

ここの介入は、「感情を歓迎する安心安全の関係性の強調→クライエントの感情体験の探索の自然な深まり」という流れです。

このセクションでは、何度もセラピストが「私はここにいてあなたに興味がありますよ」「この関係ではあなたの体験は尊重されますよ」ということを繰り返しています。そのたびにクライエントの感情体験が自然に深まり、関係性修正体験が出てきているのが見えます。

関係性の強調や孤独感の軽減を真っ向からはっきりと口にするのは、最初は勇気がいる介入ですが、その恩恵はとても大きいものです。

＊

この章では、主に安心安全を関係性のなかでつくりだす介入に焦点を合わせてきました。アタッチメント理論から見ると、安心安全の関係性が感情の探索に進む前に大切だからです。セラピストとの関係のなかで安心安全が言語的にも非言語的にも感じられてくると、「自分独りで気持ちを抱えなくていいんだ」「この気持ちを感じていいんだ」ということが体験的にわかってきます。そこでやっと感情に触れ、それを深め、探索し、その感情が変容する準備ができてくるのです。

第6章 探索の介入
感情と関係性をさらに深め変容を促進する

1. 感情と関係性の探索

前章では、感情と関係性に注目し、肯定や波長合わせ、関係性の強調と孤独感の軽減などの介入をご紹介しました。これらの介入の目的は関係性を安心安全なものにすることで、セラピストが安全基地となり、クライエントの感情の探索ができるような足場作りをする、というものでした。

関係性が安全になるだけでも、大きな癒しの過程と感じられるクライエントも多いでしょう。誰かにしっかりと自分のことを見てもらえて、受け入れてもらえて、自分の感情も心を使って大切に扱ってくれる……安全ではない関係性しか知らないで生きてきたクライエントには、それだけで癒しの体験になるかもしれません。

しかし、安心安全だけを提供していれば人は自然に癒されていくわけではありません。安心安全はあくまでも変容への土台で、その先にはさらなるステップが待っています。それが感情と関係性の「探索」であり、その探索の体験的過程が変容につながっていきます。

この章では、感情と関係性の探索を進める介入の例を、実際のセッションの例とともに紹介していきます。加えて、トラッキングをしながらどんな情報がキャッチできたときに探索の介入へと進むのか、そのパターンについてもお伝えします。

2. 身体感覚の深化——探索を促進する介入①

2-1. 定義

身体感覚の深化というのは、身体感覚に根ざす感覚（フェルト・センス）(Gendlin, 1969) に気づき、その体験に留まり、その感覚を探索していく過程を指します。

ここでは身体感覚に根ざしたコア感情に変容の媒体として考えます。ですから、コア感情へアクセスするために、身体感覚をまずトラッキングを通じてキャッチし、身体感覚のシフト、たとえばちょっと揺らいだ声だったり、じわっと出てきた涙などに注目して、身体感覚に留まり、深く体験してもらいます。または感情が出てきたら、さらに深めるために身体感覚に意識を向け、それに留まることもあります。これを「身体感覚の深化」と呼びます。

2－2．身体感覚の深化の効用

身体感覚の深化の効用としては、身体で感じている「生の情報」である体験を掬い取って注目することで、真正性ある、生き生きとした「今ここ」で湧き起こる体験にアクセスし、それを拡大できるところにあります。身体感覚の深化によってよく起こってくるのが、コア感情体験へのつながりです。そして、コア感情が変容へとつながっていくわけです。これが身体性を大切にする大きな理由です。

また、身体のサインというのは、クライエントとセラピストの2人で共有できる客観的データでもあります。たとえば、なかなか誇りを感じることが難しく、たとえば両親に成績が良かったとき「いい気になるな」と言われて育った人が、セラピストに仕事で昇進したことを語るとき、もしかしたら一瞬しか笑顔が見えないかもしれません。そんなときに「今、一瞬笑顔になられましたよね」と言えば、そのクライエントは自分の笑顔を認めることでしょう。こんな風に身体のサインは動かしがたい事実として認識しやすく、介入の入口になります。

2－3．トラッキングと身体感覚・サインの介入パターン

クライエントの非言語の身体的サイン全般のなかで大切と思えるもの（91ページの「トラッキング・チェックシート」参照）に、エントリーポイントとして介入していきます。

例：怒り（顔が赤くなる、拳を作る）、悲しみ（涙、伏せた目、声の揺らぎ、ため息）、喜び（本物の笑顔）、誇り（得意げな表情）、驚き（見開いた目）など、コア感情を示す身体的サイン

⬇「今こういうジェスチャーをされましたよね？（Thがミラーリングする）もしそのジェスチャーをしている手がしゃべれるとしたら、何と言っていると思いますか？」

⬇「その手の感覚ともうちょっと一緒にいて耳をすますことはできますか？」

⬇「その感覚にスペースをあげられませんか？」

⬇「今出てきそうになっているものを出させてあげてください」

⬇「その痛み（喉の詰まる感じ、熱い感じ、など身体感覚）がしゃべれるとしたら、何と言っていますか？」

⬇「今、涙（笑顔、しかめっ面、ため息など）が出てきていますね。それに留まることはできますか？」

⬇「今、何かが体のなかでシフトしましたよね？　身体のなかで何が起こっているのでしょうか？」

身体感覚にフォーカスした介入はまさに「その瞬間」に言うことが鍵です。「今ここ」で起こっている身体のシフトはその瞬間に言わないと、クライエントも何を言われているのかわからなくなってしまうからです。30秒もズレると「え？　シフトって何のシフトですか？」という反応になってしまいます。ですから、これはトラッキング力と瞬発力が必要な介入です。

ひとつ心に留めておきたい点は、このような介入をするとき、「ほどよい」安心安全感が2人の関係性のなかにあることです。安心安全がないところで身体に注目されると、クライエントは過敏になったり不安が高まったりすることがあるからです。

一方で、相手の身体的なシフトを指摘すると、相手にいつもネガティブな反応が起こってしまうのではないかと不安になるセラピストも多いようです。相手が自意識過剰になってしまうのではないかと恐れて、なかなか一歩踏み込めない……ということをよく聞きます。もしあなたがそのような不安をもっているようでしたら、「トラッキング→介入→トラッキング」という循環型の介入のことを思い出してください。たった一度だけ身体感覚に注目した介入で関係性が全部ガラガラと崩れてしまう、ということはそんなにありません。身体的シフトが見えたと思ったら、考えすぎる前に身体的な介入を試してみることをお勧めします。そしてそのあとのクライエントの反応をトラッキングしてみてください。そのあとの反応が「ダメ！」という赤信号なのか「それ良いです！」という青信号なのかを見定めてから、次の介入に進んでいけばいいのです。

案ずるより産むが易しというように、悩んでいるよりやってみるほうが、意外と楽に効果的な介入ができることはよくあります。ぜひチャレンジしてみてください。

2-4. ケース紹介

ここで紹介するのはあるデモセッションの始まりの部分です（第5章で紹介したセッションの別の場面）。若い女性ということ以外、セラピストはクライエントのことを何も知りません。クライエントは最初はとても強い不安を感じていたのですが、2人でしばらく深呼吸を一緒にするうち、不安が軽減されてきました。この場面では、2人の間に良いアイコンタクトがあります。

ここで見ていただきたいのは、クライエントの身体的感覚に注目し、それをゆっくりと体験することで感情調節（身体的な安全心）ができてきたこと、そしてそのあとさらに落ち着いた身体感覚に留まっているうちに感情が浮上してきた、という流れです。

Cl：今、少し落ち着いてきました〈感情調節が進んだサイン〉。
Th：ちょっと落ち着いているのは（体の）どのあたりで感じますか？〈身体的な探索〉
Cl：そうですね、なんかこう、お腹と背中のあたり（お腹と背中を触りながら）、この辺ぐるっと一周、そのあたりです。
Th：もうちょっとだけ時間を取って、腰の周りぐるっと一周、落ち着いている感じにちょっと注目して、その辺に向けて、何回かまた呼吸してみましょうか〈身体感覚の深めと相互的感情調節〉。
（深呼吸を2人で何回かする。波長が合っている。約30秒）。
Cl：はい。なんかこう、（肩を触りながら）ここら辺も少しだけ。今までちょっとなんか、ここも緊張していたんですけど、こっちも少し、なんか軽くなりました〈身体感覚の変化〉。
Th：ああ、そうですか。良かった。＊＊さん、体の感覚を敏感に読める人なんですね〈肯定〉。
Cl：なんか、結構その肩が凝りやすかったりもあるんですけど、ここら辺が（両肩を触りながら）硬くなりやすくて、こう姿勢とかも、カチって固定されやすくて、そこがたぶんちょっと気になりやすいのかなって思います〈身体感覚の理解が深まる〉。
Th：ええ。今どんな感じがしていますか？〈身体感覚の「今ここ」での探索〉
Cl：今はなんだろう、ちょっと今ごちゃごちゃしている感じがあって（手を胸の前にもっていく）。
Th：ええ。ここら辺ですかね（Th自身の胸のあたりに手を置いてミラーリングしながら）、ごちゃごちゃしている感じって？〈さらに身体感覚を探索〉
Cl：はい（うなずく）。なんか、わからないんですけど、ちょっとなんか、なんでしょう、なんか、うーん（少しだけ涙が出てきそうに見える）。頭に何も浮かんでないんですけど……ちょっと悲しい感じがしてて〈コア感情の浮上〉。

Th：じゃあ、ちょっとその悲しい感じにスペースをあげましょうか〈コア感情のプロセシング。身体感覚から感情へとつながった〉。

Cl：（涙を流す）〈コア感情の深まり〉

◉**解説**

ここでの介入と反応のシークエンスは次の通りです。

〈肯定・波長合わせを通した安心安全づくり〉→（落ち着くという身体感覚）→〈落ち着く身体感覚に留まるよう介入〉→（「ごちゃごちゃする」身体感覚の浮上）→〈ごちゃごちゃする新しい身体感覚の深化〉→（悲しみの浮上）

まずセッションの冒頭で、肯定や波長合わせ、相互的感情調節がなされました。これらの介入を丁寧にすることで安心安全の感覚が出てきやすくします。そしてクライエントに「落ち着いてきました」と言われたときに、「ああよかったです、じゃあお話はなんですか？」とすぐ先に行かずに、「落ち着く」という身体にフォーカスしました。これはＡＥＤＰに特徴的な介入のひとつです。

そして身体感覚にフォーカスし、留まる作業をしているうちに、クライエントの内側から自然と「悲しみ」が湧き上がってきました。身体感覚からコア感情が喚起されてきた例です。このような感情は防衛感情ではなく、真正性の高いコア感情であることが多いのです。

3. 感情のプロセシング——探索を促進する介入②

3-1. 定義

感情のプロセシングとは、ターゲットとして定めた感情に焦点を当て、その感情に関する気持ちを体験し、それを言語化したり、イメージにしたり、身体感覚を感じたり、動作として表現するなどの一連の作業を指します。そして、その感情自体が変化するまで続けていくことを「感情をプロセスし切る」と表現します（Fosha, 2000）。

3-2. 感情のプロセシングの効用

ここでプロセスするターゲットとなる感情はコア感情です。コア感情は生き生きとした真正性のある、身体性に根ざした感情体験を指します。クライエントにコア感情が見えてきたら、そのかすかな兆しをつかみ、それをプロセスするよう促していきます。なぜならコア感情こそ人が変容するリソースを含んでいるからです。

感情のプロセシングの効用としては、今まで自分を守るために使ってきた防衛の陰にある、その人本来の生き生きとした伸びやかなコア感情の鼓動を復活させる、というところにあります。

それは怒りかもしれませんし、悲しみかもしれません。または喜びや誇りかもしれません。コア感情のプロセシングをしていくと、その感情自体が変化してきて、ホッと落ち着いたり、スッキリした気持ちが自然と湧いてきて、気持ちの収まりどころが見つかっていきます。そして感情が変容すると、適応的行動傾向につながっていくのです。

3-3. トラッキングから感情のプロセシングへ

〈感情を表す身体的サインのトラッキングポイント〉

クライエントに感情の兆しを表す身体的サイン（涙、怒りの表情、握りこぶし、呼吸の変化、目線の変化、ため息、声の震えや言いよどみ、など）が見られる

⬇「今感じている気持ちに、もうちょっと留まれますか？」

⬇「この気持ちにスペース（もしくは時間）をあげられますか？」

⬇「その気持ち（悲しみ・怒り・恐怖）のなかって、どんな感じがするのでしょう？」

⬇「その気持ちに意識を向けてみたら、何が起こってきますか？」

⬇「パラバーバルの音（「ああ、うーん」など／セラピストの感情を込めた声のトーンで、感情を深めているときにクライエントを支えたいときに使う）」

コア感情が出てきたら肯定し、安心安全を醸し出していく、ということは第5章でお伝えしました。ここでは、そこからもう一歩踏み込んで、コア感情を体験として深めていくことに注目します。

涙の例で話を進めていきましょう。クライエントの目がじわっとしてきているのが見えたとき、その気持ちに留まり、感じ、深めてもらう感情のプロセシングの介入をしていきます。涙に気がついて、その気持ちを出して

いいですよ、感じて大丈夫ですよ、と伝えるのが肯定ですが、それに加えて、出てきている涙に留まってみませんか、と誘うのが感情のプロセシングです。

身体感覚のトラッキングと身体感覚の深化の介入には瞬発力が必要であるのと同様に、感情のプロセシングにもトラッキングのスキルと瞬発力が必要です。感情を示すサインは、かすかで一瞬しか見えないときが多いからです。そしてさらに言うなら、コア感情が見えたと思ったら、その人の話している内容をいったん横に置いて、「今ここ」で現れ出ている感情のサインに介入のフォーカスを置きます。感情を変容の媒体と考えるため、感情が浮上してきた瞬間は感情のプロセシングを最優先させます（防衛感情の場合を除きます）。

3-4. ケース紹介

ここから紹介するのは、身体感覚の深化のセクションで見たのと同じクライエントとのセッションです。前のセクションからの続きの部分を見ていきましょう。

ここまでの部分では身体感覚に注目するとコア感情の悲しみが浮上してきていました。ここからはそのコア感情を深めていきます。出てきそうな涙をぐっとこらえる防衛も見られるのですが、ここでは出てきているコア感情にひたすら注目し、肯定やパラバーバルなサポートをすることで、コア感情が深まり、防衛は徐々に姿を消していきます。コア感情へのフォーカスが次第にその感情を深めていく過程に注目してください。

〈セクション1〉

Cl：頭に何も浮かんでないんですけど、ちょっと悲しい感じがしてて〈コア感情の浮上〉。

Th：ええ，うん。うーん〈パラバーバルな音で感情のプロセシングが深められるのをサポート〉。じゃあちょっとその悲しい感じにスペースをあげましょうか〈コア感情のプロセシング〉。
Cl：(沈黙——約15秒)(じわっと涙が出そうなのを我慢している。唇を噛み締める)〈コア感情の深まりが浮上しつつあるが，防衛もある〉
Th：我慢しないで，出させてあげてくださいね〈防衛とコア感情のせめぎ合いをトラッキング。コア感情体験の深めに注目し留まるよう励ます〉。
Cl：(沈黙——約15秒)(防衛的な笑顔がちらっと出てくる。悲しみと笑顔が交互に出現)〈コア感情と防衛の間を行ったり来たりしている〉
Th：全然言葉にしようとか，しゃべらなきゃとか頑張る必要はないので，もっと今出てきている悲しさを感じてあげてください〈肯定とコア感情体験の深めの促進。防衛を迂回してコア感情へ焦点化。感情の言語化よりも体験を優先する〉。
Cl：(沈黙——約30秒)(涙を拭う。まばたきが早くなる。呼吸が深まる)〈感情の深まりのサイン〉なんか，いつもこう硬い感じとか，そういうのが自分のなかに，自然に動けない感じとかが，ちょっと生きづらいなっていうのがあって(さらに涙が出る)〈コア感情の深まり，それに伴う悲しさの根源の言語化〉。
Th：ええ，ええ……〈パラバーバルなサポートをしてコア感情の悲しみの深めを支える〉

◉解説

このセクションにおける介入のシークエンスは次の通りです。

（感情の兆しがトラッキングで見える・涙）→〈その感情に留まることを促進する介入〉→（防衛と感情体験が競合）→〈コア感情への焦点化の繰り返し〉→（さらなる涙・悲しみの感情体験の深まり）→（「生きづらさ」というキーワードの浮上）

涙が出たときクライエントはそれが悲しみだと感情をラベリングしました。この場面で興味深いのは、それと同時に感情を抑え込むような身体的サインも同時に見られたところです。唇を噛み締める動作や顎に力が入るときなどがそういったサインです。そのような身体的サインをトラッキングしつつ、あえてそれには言及しないで、同時に出てきているコア感情のほうへ、意識的にセラピストは焦点づけを繰り返しました。するとだんだんコア感情が深まり、そのあとに「生きづらさ」という彼女の苦しみの中核がはっきりと言語化されたのです。そのおかげで、ここから「生きづらさ」に関してのワークをすることが可能になったのです。

コア感情と防衛とが横並びに出てきているときは、コア感情へ焦点化していくと、コア感情のプロセシングがうまくいくときが多くあります。もしもコア感情への焦点化が防衛を逆に強めてしまうときなどは、防衛の肯定や探索などをしてみるとよいでしょう。

次に見るのは、同じセッションの後半場面です。クライエントは防衛を探索した後、その存在意義を共感的に理解しました。そのときに彼女の眼にふっと涙が出てきます。その涙に体験的に留まってもらうと、その涙の感情がラベリングされました。さらにその感情に留まっていると、その感情も変容していきます。

〈セクション2〉

Cl：でも、なんか、私泣き虫なので、なんで涙が出てくるだろうって感じがあるんですけど、最初の頃とはまた違う感じがして〈新しい感情体験の浮上。最初の頃の涙は悲しみの涙だった〉。

Th：今出てきている涙はどんな感じですかね？　少し時間を取って、しっかり感じてください〈感情体験の深め。機が熟さないうちに体験の認知的説明や感情のラベリングへと進まない。体験に留まってもらうよう促す〉。

（沈黙——約15秒）

Cl：でも、なんだろう、（防衛に対して）感謝というか、ありがとうっていう感じ〈新しいポジティブな感情体験。変容が起こったときに出てくる変容感情のひとつ、ヒーリング感情（第7章参照）〉。

Th：ああ、そうですか。感謝ですね〈肯定〉。感謝の気持ちが涙になって出てきている〈涙と感情の関係をつなげる〉。

Cl：うーん、そうですね。

Th：ええ、ええ、ええ〈パラバーバルなサポート〉。

Cl：（沈黙——約15秒）（あまり体や顔の表情は動かない。呼吸が深まる）〈防衛的な笑顔は影を潜めて、今出てきている感謝の気持ちに集中して留まっている様子。体験の探索をセラピストの導きなしに自らしている〉（しばらくしてThとアイコンタクトを取って）なんかちょっと穏やかな感じ〈感謝の感情の波が終結して違う感情体験に変化している。感情体験の言語化〉。

Th：ええ。ああ、そうですか。じゃあちょっとその穏やかさと一緒にいてみましょうか〈変容後の感情体験の深化〉。

◉解説

このセクションにおける介入のシークエンスは次の通りです。

〈新しい感情の兆し・涙〉→〈新しい感情を深める介入〉→〈感情体験の深まり・感謝の涙だという認識〉→〈その感情に留まる〉→〈感謝が穏やかな感じへと変化〉→〈「穏やかな感じ」を深める介入〉

このセクションでは、冒頭でクライエントに涙が出てきて「最初の頃とはまた違う感じがして」と言ったときに、セラピストは「どんな風に違うのですか？」という質問をしませんでした。そのような質問ではなくて「今出てきている涙はどんな感じですかね？　少し時間を取って、しっかり感じてください」という風に、涙をまず「体験」してもらうよう方向づけたのは特徴的です。

せっかくの感情体験を知的に「説明」させてしまうのではなく、まず自分の体験をじっくり感じてもらうのです。そうすることで、感情が体験的に「熟して」いくからです。体験が熟す、というのは、最初はかすかで「あれ？　なんだろう？　何かわからないな」と思うような体験でも、それにじっと留まって注目していると、その感覚が次第に姿をはっきりと表して、そのうちその体験に名前をつけたり、イメージで表現できるようになることです。ここではこのワークをするうちに本人の心と体の内側から防衛に対する気持ちが明確化され、それは「感謝」だと感情がラベリングされました。そのあとしばらくクライエントが自分の体験に留まっていると、感謝の波（涙）が終結して「穏やかな感じ」へと変化していきました。感情をプロセスするとは、「感情の説明」ではなく「体験の深化」なのです。

このようにゆっくりと感情体験にフォーカスして深めていくと、感情が暴走することなく、安全にしかも深く変容体験を促進していくことができます。

4. メタプロセシング——探索を促進する介入③

4-1. 定義

「メタセラピューティック・プロセシング」、略して「メタプロセシング」という技法があります。これはポジティブな変容体験が起こったときに体験自体を振り返る作業を指します（Fosha, 2000 ; Iwakabe & Conceição, 2015）。たとえば「……を体験してみて（感じてみて、気づいてみて）、どんな感じがしていますか？」という問いかけです。

4-2. メタプロセシングの効用

アタッチメント理論を親子関係の改善プログラムに応用しているグループでは、人は体験から学ばない、体験を振り返ることで学ぶのだと言っています（Powell et al., 2014）。新しい変容体験があったとしてもそれを振り返らなければ、体験自体が記憶に刻まれないので、また同じことを繰り返してしまいます。素晴らしいブレークスルーがあったセッションでも、その変容を振り返らないと「いい体験をした」というぼんやりとした印象だけで終わってしまい、次のセッションではそれまでと同じような防衛や不安のパターンが見られ、結局変容が統合されていない、という経験はないでしょうか？　メタプロセシングには、そのような変容体験が忘れられないように意味づけ、記憶に保存されるよう助ける効用があります。

またメタプロセシングを使って変容体験を振り返ることで、その変化がさらなる次の変化を引き出し、変容が拡大を続ける「変容のスパイラル」（Fosha, 2007b）という現象が起こることもあります。また、メタプロセシングには、起こった変化を体験的に深める作用と、俯瞰的で認知的な理解や気づきを促進させる両方の機能があります（Iwakabe & Conceição, 2015）。

4-3．トラッキングからメタプロセシングへの介入パターン

メタプロセシングにはいくつかバリエーションがあります（Prenn & Fosha, 2017）。ここでは認知的、感情的、身体的、関係性的メタプロセシングについて紹介していきます。

新しい気づき（言語）〈認知的メタプロセシング〉——トラッキングポイント①

例：「自分を愛せる気がします」〈普段感じない新しい自己への関わり〉

⬇「自分を愛せるって気がついてみるのはどんな感じがしていますか？」

⬇「そのことに気がついてみるのはどうですか？」

⬇「『自分のことを愛せる気がする』と言ってみるのはどんな感じですか？」

新しい感情のシフト（非言語）〈感情的メタプロセシング〉——トラッキングポイント②

例：涙、自分への優しい気持ち、悲しみ、誇りなどが言語もしくは非言語で表現されるなど

↓
「今、涙を流してみてどんな感じがしていますか？」
↓
「自分に対しての優しい気持ちはどんな感じなのでしょう？」
↓
「今出てきている悲しみを感じてみるのはどんな感じですか？」
↓
「自分がよくやったなと誇りに思うのはどんな感じですか？」

身体感覚のシフト（非言語）〈身体的メタプロセシング〉——トラッキングポイント③

例：クライエントが背筋をすっと伸ばして座りなおした、胸の痛み、肩が軽くなった（重くなった）など
↓
「今背筋を伸ばされましたよね。それはどんな感じですか？」
↓
「このことを話しながら胸が痛いとおっしゃいましたよね。その胸が痛いってどんな感じなのでしょう？」
↓
「肩のあたりが軽くなった（重くなった）というのはどんな感じでしょう？」

関係性的なシフト（言語・非言語）〈関係性的メタプロセシング〉——トラッキングポイント④

例1：セラピストの自己開示（「あなたの話してくれていることに感動しています」）
↓
「私の今言ったことを聞いてどんな風に感じていますか？」
↓
「私の言ったことをどのように受け止められていますか？」

例2：深い心のワークを終えた後、クライエントがホッとため息をついた（沈黙が訪れた、目が合ったなどプロセスの終結を知らせるサインが見えたとき）
↓
「この深いワークを私と一緒にしてみて、今どんな感じがしていますか？」

このようにメタプロセシングは、認知、感情、身体感覚、関係性のさまざまなチャンネルに対して使える技法です。メタプロセシングをタイミングよく使うと、変化の体験を深め、促進し、また体験に意味を見出していくことができます。

メタプロセシングは何度も繰り返し使うことが多い介入です。実際のところ、変容があったとき、それをメタプロセシングすると、さらにその次に新しい変容が起こっているので、その新しい変容に対してまたメタプロセシングをしていきます。2度でも3度でも4度でもメタプロセシングを繰り返していくことはよくあります。メタプロセシングを使うときは「しつこすぎないかな?」と心配せずに繰り返し使ってみてください。

いくつかあるメタプロセシングのなかでも使うのに特に勇気のいるのが、関係性的メタプロセシングです。このメタプロセシングはセラピストの介入や関係性の軌道修正を助けてくれますが、同時に2人の関係について真正面から聞く種類のものなので、介入の強度は高いと言っていいでしょう。このメタプロセシングを使えば相手がどのような関係性的体験をしているのか、こちらであれこれ予想しなくても済むようになります。セラピストの介入がどのようなインパクトを与えたのかチェックせずにいると、セラピストの独りよがりでセッションが進行していく可能性がありますが、相手にとってどのような体験になっているかメタプロセシングを使って聞いていくと、安全に正確に探索が深まっていきます。「今、私の言った……を聞いてどんな感じがしていますか?」と聞いてみるのです。そうすれば相手の状態を教えてくれますから、クライエントの状態をこちらが下手に予想してあれこれ対策を考える手間がなくなり、その人の体験に合った正確な介入をしていけるわけです。

4-4. ケース紹介

ここでは先に紹介したのと同じセッションの別の場面を見ていきます。クライエントはここまで防衛（生きづらさとそれに伴う頑固さ）との対話を深めてきました。そしてだんだんその頑固な防衛の部分にも、そうならざるをえなかった理由や体験があることに気がついてきます。ここからのセクションで、その新しい気づきに対するメタプロセシングと、そのあとに起こってくる体験の探索と変容のプロセスを見てください。

Cl：なんだろう、頑固にしてきたのも自分だし、なんかでもその頑固な部分も自分を守るためなんだなっていうのも、なんか必死に、なんだろう、なんとかしようとしてきたんだなぁって思って（涙が出てくる）〈防衛の自己防衛機能の共感的理解〉。前よりもその頑固さが……（うなずき）「頑固でもまあ、良いかなぁ」っていうのは（笑い。ちょっと出るがすぐ消える）、前よりも思うようになったっていうのは……（何度もうなずく）今思って、感じてる（言いながら首をかしげる）〈防衛の受容から新しい気づきが出ている。その一方で言い方がためらいがち。言葉の選び方も断定的ではない。変容の兆しではあるがまだ弱々しい〉。

Th：なんか今すごく、＊＊さんから、こう深い感情が出てきているような感じがするんですけど、何が出てきているのかな？〈感情の探索。Clの感情への好奇心を伝える〉

Cl：頑固で良いじゃんみたいな〈防衛の部分の受容〉。

Th：頑固で良いじゃん〈肯定〉。ええ、ええ、うん。頑固で良いじゃん〈肯定の強調〉。それ実際に今、口で

言ってみて、どんな感じがしますか？〈新しい体験の探め・メタプロセシング〉
Cl：（頑固さが）そうだねっていう感じで（ちょっと照れた笑い）〈防衛からのポジティブな反応。軟化〉。
Th：ええ、ええ、ええ〈肯定〉。
Cl：確かにっていうのは（思う）（2人とも同じタイミングでうなずく）〈さらなる防衛への共感的理解が明確化・波長合わせ〉。
Th：確かに〈肯定〉。確かにって言ってあげると、その部分にね、そうすると頑固な部分ってどんな風に感じてますかね？〈メタプロセシング・新しい体験の探索〉
Cl：なんか頑固なんですけど、嫌な感じではない（確かめるかのように何度もうなずく）。
Th：うん、嫌な感じではない〈肯定〉。嫌な感じじゃないってどんな感じですか？〈メタプロセシング・体験の探索。否定形の表現ではなく新しい体験を肯定形で表現してほしい〉
Cl：なんか全く可愛げがなかったなっていうのが、ちょっと可愛げが出てきた感じ（手で円を縦に描くようなジェスチャー）〈防衛のさらなる軟化。変容。遊び心が出てきた。ポジティブ体験。Thはそのジェスチャーをミラーリング〉。
Th：可愛げが出てきた感じ（2人とも笑う。2人とも同じジェスチャー）〈波長合わせ〉。
Th：ええ。うんうん。その部分に、可愛げが出てきたよって教えてあげたらどんな感じがするんですかね？（2人とも同時にちょっと笑う）〈メタプロセシング・さらなる防衛との対話と体験の探索。今まで深刻なトーンで頑固さについて話していたのが「可愛げ」が出てきたことで柔らかくなった〉
Cl：……（沈黙）（視線を斜め下方に向けて）〈心の内部を探索している様子〉（頑固さの部分がClに対して）なんか、「前からだよ」っていう（笑顔）〈ちょっとからかうように。ユーモアが出てきている〉。

（2人で笑う）〈相互的なポジティブ体験の共有〉

Th：ああ，（頑固さの部分が言うには）「あなたが変わったんですよ」って言いたいんですかね。うんうん。＊＊さんもそのことがわかって，実はこの子，可愛げがあったんだって，今わかってみるのってどんな感じですか？〈気づきへの認知的メタプロセシング〉

Cl：（何度かうなずく）なんか気づいてあげられなくてごめんねっていうか〈防衛に対する謝罪の気持ちが浮上。防衛への共感的理解が深まる〉（声が少し震える。涙が出てくる）。

Th：ああ〈パラバーバルなサポート〉。

Cl：（涙を拭う）

Th：うん，うん（優しいトーンの声でパラバーバルなサポート）。

◉解説

この場面は次のような介入のシークエンスでした。

（新しい防衛に対する気づき・受容）→〈自己開示・感情の探索〉→（防衛の受容の進み）→〈メタプロセシング〉→（防衛の軟化）→〈肯定〉→（さらなる防衛に対する気持ちの変化）→〈メタプロセシング〉→（防衛のさらなる軟化）→〈メタプロセシング〉→（防衛に対する謝罪の気持ち・共感的理解の深まり・涙）

この場面では何度も繰り返しメタプロセシングをしているのが見ていただけると思います。最初のうちは新しい気づき，「頑固でも良いかなあ」という言葉には，かなりのたじろぎが言語・非言語の両方で見られました。その新しい気づきをターゲットにメタプロセシングを何度もしていくと、徐々に頑固さへの感情的な関わりが変化していくのが見て取れます。頑固さに「可愛げ」が見えてきたあたりではクライエントの声や表情にも和らぎ、遊び心が出てきます。ここまで「頑固さ」は変えなければいけないものという位置づけでしたから、「頑固さ」に対して「可愛げ」があると思えるようになったのは、彼女のなかでは大きな変化だったことでしょう。そしてそのあとに「可愛げがある」こと自体に気がついてみてどうかとメタプロセシングをすると、そこで涙とともに防衛に対する謝罪の気持ちが出てきました。これはブレークスルーです。

最初のためらいがちに表現された新しい気づき（「頑固でも良いかなぁ」）が、メタプロセシングを何度も繰り返すうち、クライエントのなかに認知的にも感情的にも身体的にもしっかりと体験され、統合され、受容されていった様子が観察できます。

新しい気づきや体験が出てきたときに、「あーよかった、変化があった」と終わりにするのではなく、さらにそこからその変容体験自体を深掘りしていきます。それによって新しい体験の統合が生まれるからです。そのときに使うのがメタプロセシングであり、この技法により変容が変容を呼ぶスパイラルが生まれてきます。

5．新しいポジティブ体験・トランスフォーマンスの探索
――探索を促進する介入④

5－1．定義

新しくポジティブ体験またはトランスフォーマンスが観察されるとき、それに優先して注目し、探索、プロセスする介入です。そのような体験とは、内的な自分の部分への関わり（例－防衛や抵抗）、自己感、他者の見方、これらに関する反応の仕方や行動などで、新しくポジティブなものです。古いおなじみの感じ方、考え方、反応の仕方と、新しいポジティブな体験があるとき、後者を優先し積極的に注目するのです。注目の仕方としては、肯定、身体感覚・感情体験の深め、メタプロセシングなどを統合的に使います。

5－2．新しいポジティブ体験・トランスフォーマンスの探索の効用

「新しいポジティブ体験・トランスフォーマンスの探索」は名前として非常に長いので、ここからは短く「ポジティブ体験の探索」と表記します。ポジティブ体験は、今までの精神病理中心の心理療法モデルではあまり注目されてきませんでした（第3章参照）。しかし最近の臨床研究、ニューロサイエンスやポジティブ心理学の研究から、新しいポジティブな体験に注目することは本人の心的リソースを高め、ストレスフルな出来事やトラウマ体験から回復するリジリエンスを与えてくれると言われています。

新しいポジティブな体験を、トラウマや防衛・抵抗などをプロセスするのと同じくらい丹念にプロセスするのが大きな特徴です（Fosha, 2000, 2017；Fosha et al., in press）。新しいポジティブな体験を丹念にプロセスすることで、その体験自体がさらに拡大し、深まり、記憶に刻まれ、その人のリソースとなり、自己感がポジティブなものに変容し、新しく適応的な幅広い行動のオプション（適応行動傾向）が生まれるなど多くの効用が期待されます。

5-3．トラッキングからポジティブ体験の探索介入へ

新しいポジティブ体験を育てていく介入には、肯定、自己開示、身体感覚の深化、感情のプロセシング、メタプロセシングなどが統合的に使われます。新しいポジティブ体験の探索介入は独立した「介入」の名前というより、介入のターゲットがポジティブな体験・トランスフォーマンスです。ですから、ポジティブ体験の探索とは「介入の方向性の総称」と言ったほうが正確かもしれません。

5-3-1．ポジティブ感情・身体サインのトラッキングポイント

悲しい表情のなかにちらっと見える笑顔、誇りを表す笑顔、うれし涙、今まで緊張していた肩が下りる、呼吸がゆっくりになる、胸が開く、背骨を伸ばすなど

⬇「今とっても素敵な笑顔が見えたんですけど、その笑顔（またはその他のポジティブな変化を示す身体的サイン）のなかにあるものを、ちょっと時間を取って感じてみませんか？」

⬇「今肩がスッと下がったのが見えたんですけど（またはその他のポジティブな変化を示す身体的サイン）、ちょっとそれに留まってみませんか？　なんだか大切なものがそこにある気がします」

新しいポジティブ体験を探索するには、まずセラピストがそのような体験が出てきていることを、トラッキングを通して認識できることが基軸になります。

新しいポジティブ体験というのは、今まで繰り返されたきた自分史のなかで、時代遅れの古い行動パターン、ス

トレスへの対処方法、人への関わり、自分への関わり、感情のプロセスのパターン（もしくはプロセスしないパターン）、防衛や不安の対処のパターンなどの変化です。そのような古いパターンとは違う新しくポジティブなものがクライエントのなかに出てきたときに、セラピストがそれに気づき、注目し、クライエントがその新しい体験自体を感じられるように促していきます。これは簡単なようでいて、セラピストのなかで「ポジティブなものに注目する」アンテナを張っていないと、なかなか見つけることができないものです。

たとえば自己肯定感が低く、人から褒められるとかえって不安が高まってしまうクライエントがいるとしましょう。その人がセラピストの肯定に対して一瞬だけ笑顔を見せたとします。しかしそのあとすぐ不安な顔になるでしょう。そこで、その笑顔をポジティブ体験をプロセスするエントリーポイントとするのです。ここでは不安ではなく、その笑顔のほうにまず注目します。クライエントたちは今まで使ってきた古い防衛パターンが基本的には強いので、そちらの分析を優先しているとポジティブ体験は消えてなくなってしまうからです。新しいポジティブ体験（ここでは笑顔）は、最初はとても控えめに表現されることが多いので、そのかすかでポジティブな身体的サインを、トラッキングを通してタイミングよく捉え、すぐに探索の介入に使っていくのが鍵となります。

5-3-2．新しいポジティブ体験に対する恐れ・不安のトラッキングポイント

例：「今自分に優しい気持ちが湧いてきています……でも、自分に優しくしてもいいのか、ってちょっと驚いています（驚き、または戸惑いの表情）」

⬇「この体験は全く新しいから驚かれるのも無理ないですよね。一緒にこの新しい体験にもうちょっと留まってみませんか？」

例：「（涙を流しながら）今とても自分に対して、あたたかい気持ちになっています。いつもの悲しみの涙と違

う感じです。なんだか不思議な感じです」

⬇「その新しい種類の涙に、もうちょっとだけ一緒に留まって感じてみませんか？」

例：「こんな新しいポジティブなことを感じてもいいのでしょうか？　なんだか変な感じ（心もとない感じ）がします」

⬇「それだけ新しい体験ということですよね。驚かれるのも無理ないです」

新しいポジティブ体験というのはそのインパクトが大きいほど，実はクライエント自身にとっても受け入れるのが簡単ではありません。そこでクライエントのなかに出てくる新しいポジティブな変化への驚きや戸惑いを肯定し，さらに一緒にその体験に留まり深めるよう促していきます。

もしあなたが精神病理モデルで今までトレーニングを受けてきていたら，新しいポジティブ体験に注目する技法に対して，「人が変わっていくために本当に効果があるのだろうか？」と疑問に思うかもしれません。もしかしたらポジティブ体験に注目することは，クライエントを甘やかすことだと感じる方もいるかもしれません。シリアスで暗く重いトラウマ体験や防衛，不安の根源を見つめていくのが治療の王道だと考える方もいらっしゃるかもしれません。

しかし，ポジティブ心理学の研究が示すように，ポジティブ感情を時間を取ってしっかりと深く味わうことには大きなベネフィットがあるのです（Fredrickson, 2001；Kiken et al., 2017；Fredrickson & Joiner, 2018）。たとえば，社会的，身体的，心理的リソースが蓄積され，ストレスがかかっても，そこから早く立ち直れるリジリエンスが高まるなどです。

実際のところ，臨床の場で新しいポジティブ体験を探索していくことは，クライエントを甘やかすことでもなく、また簡単でも楽でもないことは、そのような作業をされた方ならおわかりでしょう。それは新しいポジティブ体験に注目しようとすると、クライエント自身で新しい体験に対する一見ネガティブな反応が起こる現象からもわかります。たとえば驚きや戸惑いといった反応です（このような感情を「揺動感情」と呼んでいます。第7章で詳しく説明します）。そのようなポジティブ体験に対して起こる反応を肯定し、関係性的サポートを伝え、クライエントに新しいポジティブな自己感を統合するプロセスをしていくのです。この作業自体、セラピストにとってもクライエントにとっても大仕事であり、また新しい変容体験をその人が自分のものとし、内的リソースを高めていく大切な過程でもあります。

5-4．ケース紹介

新しいポジティブ体験に注目する介入は、今までに紹介してきたさまざまな介入方法を統合的に使うものです。ここでは、この章で見てきたセッションの続きを、新しいポジティブ体験に注目しながら解説していきます。

ここまでは頑固さ（防衛）の共感的受容が進み、これまで自分の一部である頑固さを理解していないことへの謝罪の涙が出てきました。それを感じていると、頑固さに対して、今まで守ってくれたことへの感謝の気持ちが涙を伴って湧いてきました。そのあとだんだん穏やかな気持ちになっていきます。ここからセッションを見ていきましょう。

注目すべきポイントは、心が穏やかな状態になったとき、それをポジティブな変容と捉えて体験自体に注目し、新しいポジティブ体験をまた味わってもらうよう導いていくところです。そしてその体験をしながら自己感に対してメタプロセシングをすると、そこではっきりとした自己受容が表現されてきます。さらにそのポジティブな自己体験に対して、セラピストは自己開示を通してクライエントの新しいあり方を肯定します。そしてそのあと関係性的メタプロセシングでフォローします。するとその次に、どのようなことが起こってくるでしょうか。

（沈黙――約2分）（とても静か。身体的な動きがほとんどない。呼吸が深まっているのが見える）

Cl：なんか、すごくひたすら、なんだろう、何もない「無」な感じなんですけど、でもいつもグチャグチャしてるやつが、全部なくなった感じっていうか〈ポジティブな変容。不安や防衛が今この瞬間はない〉。

Th：ええ。そのグチャグチャしてるのがなくなって、どんな感じがしていますか？〈新しい体験のメタプロセシング〉。

Cl：なんか、スッキリしてて〈感情体験の変容のサイン〉。なんかこう息がしやすい感じ〈身体性の変化〉。

Th：息がしやすい感覚と一緒にいてみましょうか〈さらなる新しい身体感覚の体験的深化〉。

（沈黙――約30秒）

〈中略〉

Th：今ね、その心がゴチャゴチャしたものがなくなって、スッキリした状態で、自分の、今の自分のことをちょっと見てみると、自分に対してどんな気持ちがありますか？〈ポジティブな「今ここ」で現れている新しい体験に注目し、クライエントの自己感への影響を探索するメタプロセシング。過去のゴチャゴチャしたもの（防衛・不安など）には注目しない〉

Cl：（Thとアイコンタクトを取りながら）……なんかもうちょっと、ちょっとずつでいいから（手で体の中心あたりに芯があるようなジェスチャー。ゆっくりとした口調）、自分を認めるじゃないけど、なんかもうちょっとそのままで（短い沈黙。2人でうなずきあう）、自分を愛していけばいいんじゃないかなっていう（2人で

Th：ええ、ええ〈パラバーバルな肯定〉。
波長の合った大きめのうなずき。クライエントに笑顔が出る）〈クリアな自己受容。ヘルシーな自己への愛情〉。

Cl：うん（2人とも同時にうなずく）。

Th：そう言いながらどんな気持ちになっていますか？　今すごくハッキリ，自分を愛していけばいいんじゃないかなっておっしゃったけども〈新しいポジティブな体験にさらに注目し，それをメタプロセシング〉。

Cl：なんか，難しそうなんですけど，私にとっては。でもなんか，今言った感じだと，そんなに言葉に詰まらず出てきたのとか，今の感じだと，そんなに難しくないかもしれないみたいな（うなずき）〈「今ここ」での変容体験に注目できている（メタ認知）。未来への変容の可能性の希望が見られる〉。（Th：ええ，ええ）そういう感じが今していますく〈トランスフォーマンス〉。

〈中略〉

Th：ああ，そうですか。こうすごく迷いなくハッキリとおっしゃった感じでね，その決意とまではいかないかもしれないけども，その可能性は十分あるなっていうのが，私も聞いていて感じられましたけどね〈自己開示によるサポート，肯定。新しいポジティブな体験のさらなる強調〉。

Cl：確かにいつも，結構迷いがちというか，特に自分のことになると不安なんですけど……今それだけ自分のことを見られてるというか，そのまま〈メタ認知的俯瞰性。過去の自己と今の新しくポジティブな自己との比較ができている〉。（Th：そのまま〈Clの自己受容を肯定〉）うん，感じられてるのかなって〈ポジティブな変化のさらなる強化〉。

Th：ああ，それすごい大きなことに聞こえますけど〈肯定，新しい体験の強調〉。

Cl：そうですね，結構ゴチャゴチャ考えてしまうところがあるので（うなずき），うーん，なので，まあ穏やかに自分のことを見られてるなーって〈新しいポジティブな自己への関わり〉。

Th：ああ、穏やかにねー（2人で同時にうなずく）〈肯定、新しいポジティブな自己への関わりの強調〉。なんかその穏やかなのが私のほうにも伝わってきます（Clが笑顔に）〈自己開示による肯定と新しい自己受容体験の重要性を強調〉。

Cl：なんかこう恥ずかしかったりして、なんだろう、思ってても止めちゃったりとかするんですけど、さっきと言葉がそのまま出てきたのは、やっぱり、今はちゃんと自分を感じられているっていう〈自己肯定感。新しい自己体験。変容のスパイラル〉。

Th：ええ。

Cl：なんだろう、（Thに）ちゃんと守られた状態でそのまま受け入れられている感じがしたので、そのまま出てるんだろうなっていうので〈安心安全の関係性が、自己肯定感・受容につながった〉（Th：あ、うん、うん）。なんかこの感じ、大切にしたいなぁって思います〈Cl自身がこの体験の重要な価値を認識〉。

Th：ねえ、それすごい感じます〈肯定〉。なんかそれ私も感じてるってお伝えしたの、聞いてどんな感じがします？〈自己開示に対する関係性的なメタプロセシング〉

Cl：なんか、人に、あんまり私（感情が）表情に出なかったりするんですけども（照れ笑い）、でも、そのま（Thに）伝わったってことは、本当なんだろうなっていうので安心できるっていうか（笑顔）〈Thの自己開示を通してクライエントが自己の新しいありようを認識できて、安心につながった〉。

Th：ええ、ええ。＊＊さんのなかで、すごく心のなかの深いところ、今日ね、私に見せていただいて、すごい感謝していて〈感謝の自己開示〉、（Clの）表情に感情が出ないっていうのを感じなかったですけどね。全く正反対で、とても表情豊かに心のなかを私に見せてくれた（Clが笑顔になる）〈Clの感情表現に対するThの自己開示を通してClの体験をさらに肯定〉。

Cl：それを聞いて私も（笑顔）、ああちゃんと表情に出てるんだなっていうのを確かめられたような気がして、なんか幸せです（真の笑顔）〈関係性の新しいポジティブな体験をメタプロセシングすることでさらにポジティブな体験が深まって強化された〉。

◉解説

このセクションにおける介入のシークエンスは次の通りです。

（防衛の受容）→（感謝の涙）→（過去の防衛・不安の欠如・新しいポジティブ体験）→〈ポジティブ体験の深化〉→〈ポジティブ体験の自己感に対するメタプロセシング〉→（自己受容体験）→〈Thの自己開示〉→（ポジティブな自己感の深まり）→〈関係性的メタプロセシング〉→（他者を通じた新しいポジティブな自己体験・幸福感）

この場面では、ポジティブ体験に対して肯定、波長合わせ、メタプロセシング、自己開示などをを繰り返していくことで、最初はかすかだったポジティブ体験がだんだん拡大し、より確固たるものに変容していきました。これは変容が変容を呼ぶ「変容のスパイラル」の例と言っていいでしょう。

変容のスパイラルがさらに深まった分岐点は、セラピストの自己開示と関係性的メタプロセシングでした。セラピストがクライエントのことをどう体験しているか（「穏やかさが私のほうにも伝わってきます」）を自己開示し、そのあとで関係性的メタプロセシングをしました。それが真正性をもった他者を通してポジティブな自己感を深める体験になり、最終的に「ちゃんと表情に出てるんだなっていうのを確かめられたような気がして、幸せです」という言葉が出てくるまで体験が深まりました。

セラピストが「あなたのことをこんな風にポジティブに感じていますよ」と自己開示すること自体、少し勇気のいることと感じるかもしれません。それに加えて関係性的なメタプロセシングをするのは、セラピストがまるで自分に注目してほしい、と言っているかのような印象をもつ方もいるかもしれません。

ですが、このような感情的・関係性的な強度の高い介入をポジティブ体験に焦点化して行うのは、クライエントのためなのです。これらの介入はクライエントのポジティブ体験の深化を意図しているからで、セラピストの自己満足のためではありません（Fosha, 2000；Hanakawa, 2011）。そしてポジティブ体験を深める絶好の機会があるにもかかわらず、セラピストの妙な謙遜や勇気のなさからクライエントに対するポジティブ体験を開示しないでいるのは、その人を助けるための機会損失と考えられないでしょうか。

ポジティブ体験に注目する介入には勇気がいるかもしれませんが、クライエントが癒され成長できる機会を育むために、試してみる価値は大いにあります。

＊

この章では、安全安心な関係性ができたところから、さらに感情体験を探索していく介入をいくつか紹介しました。身体感覚の深化、感情のプロセシング、メタプロセシング、新しいポジティブ感情・トランスフォーマンスの探索です。こうした探索の介入を安心安全のある関係性のなかで繰り返すうちに、クライエントの心のなかでポジティブな変容が進行し、統合されていくのです。

安心安全な関係性をつくる介入は、土を耕し肥料をあげて肥沃な土壌にします。感情と関係性の探索の介入は、日に当て、水をやり、小さな双葉がぐんぐん大きくなり、葉を広げ、根を張っていくように育てていきます。

次の章では、今までのトラッキングに基づいた安心安全を育む介入と、感情と関係性の探索の介入が、どこに向かうのか、変容の地図を紹介していきます。

第7章 変容という現象

1. 変容とはどのような現象か？

前章まで、感情と関係性の変容の基本となる理論と、実践ですぐに使える技法を紹介してきました。アタッチメント理論に基づく安心安全の関係性の大切さ、感情理論による感情体験の探索の仕方、またポジティブ体験・トランスフォーマンスを育んでいく重要性についてもお伝えしました。第4〜6章では、トラッキングを使い、相手の繊細な非言語サインをキャッチしながら最適な介入を組み立てる具体的な技法を見てきました。

感情のプロセスをすると変容に通じると説明してきましたが、「変容」とは実際にどのような現象なのか、それはどこに行き着くのか、疑問に思っている人もいるかもしれません。

この章では、関係性と感情体験の先にある現象、つまり変容現象の「地図」をご紹介します。

2．変容の地図──4段階のステイト

膨大な数のカウンセリング・セッションの録画を分析するなかで、変容には4段階のステイト（状態）があることがわかってきています（Fosha, 2000；Fosha et al., in press）。それぞれのステイトのなかでよく出てくるサインや心理的な現象を総合的にまとめたのが、「変容の地図」です（図1）。

この地図は、相手がどの状態のときにどのような介入が適切なのか、また変容へと至る道筋と、変容が起こった後どうすればよいのかなど、私たちセラピストをステップバイステップで導いてくれるのです。

ここから「変容の地図」のステイトの特徴について紹介し、それぞれのステイトが実際のセッションでどう現れてくるのかを見ていきます。

3．ステイト1──ストレスとトランスフォーマンス

3－1．ステイト1の特徴──イメージ「コンクリートの裂け目から出ているデイジー」

ステイト1は、ストレスがかかっており、防衛や不安、孤独感、恥、罪の意識、危険感情が多く見られる状態です。初回セッションでお会いするクライエントを想像してみてください。不安が高く、防衛もグンと上がっている状態が少なくありません。それがステイト1です。ですからこのステイトでは、防衛や不安などの部分を軽

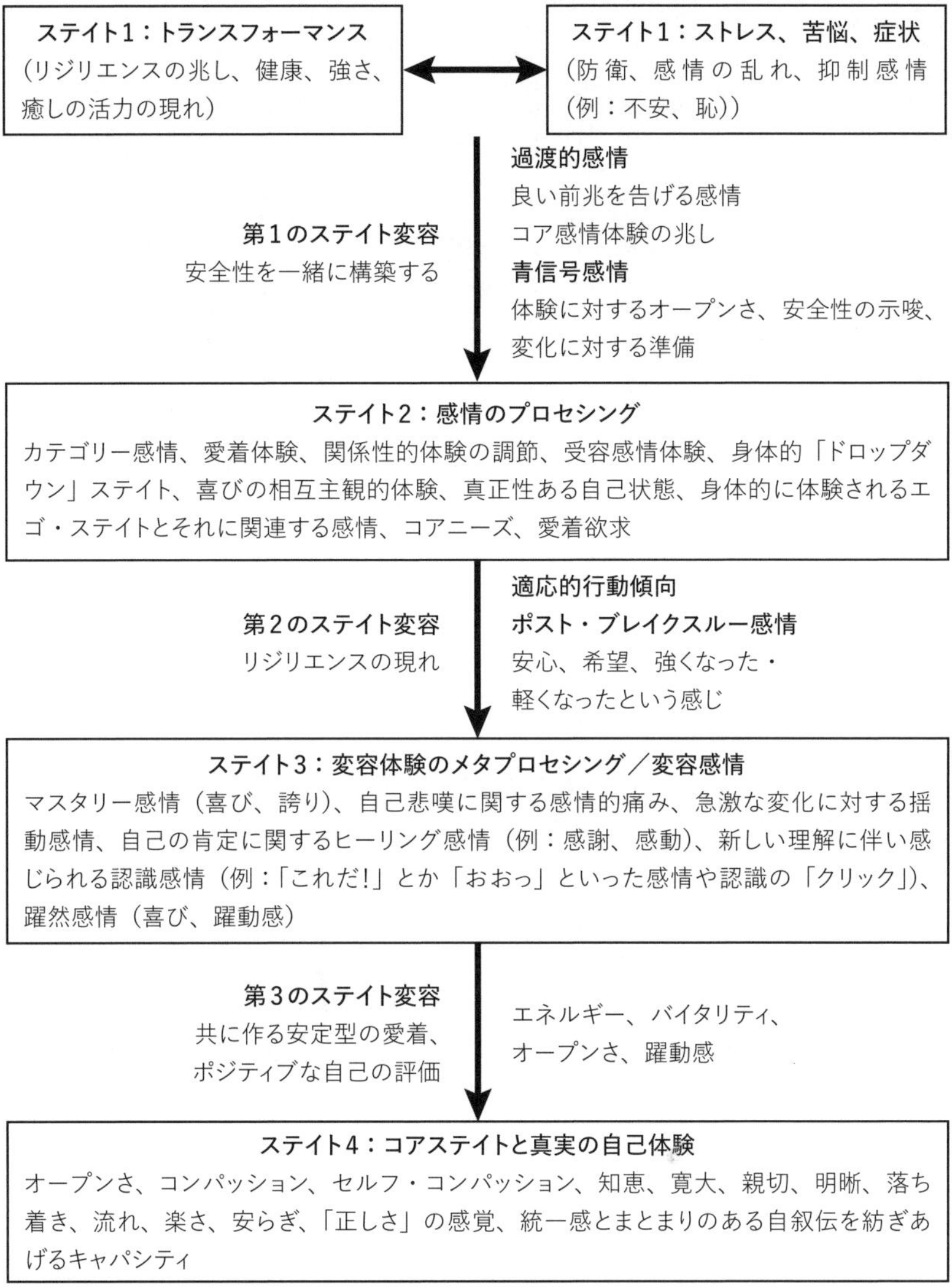
ステイト1：トランスフォーマンス
（リジリエンスの兆し、健康、強さ、癒しの活力の現れ）
ステイト1：ストレス、苦悩、症状
（防衛、感情の乱れ、抑制感情（例：不安、恥））
第1のステイト変容
安全性を一緒に構築する
過渡的感情
良い前兆を告げる感情
コア感情体験の兆し
青信号感情
体験に対するオープンさ、安全性の示唆、変化に対する準備
ステイト2：感情のプロセシング
カテゴリー感情、愛着体験、関係性的体験の調節、受容感情体験、身体的「ドロップダウン」ステイト、喜びの相互主観的体験、真正性ある自己状態、身体的に体験されるエゴ・ステイトとそれに関連する感情、コアニーズ、愛着欲求
第2のステイト変容
リジリエンスの現れ
適応的行動傾向
ポスト・ブレイクスルー感情
安心、希望、強くなった・軽くなったという感じ
ステイト3：変容体験のメタプロセシング／変容感情
マスタリー感情（喜び、誇り）、自己悲嘆に関する感情的痛み、急激な変化に対する揺動感情、自己の肯定に関するヒーリング感情（例：感謝、感動）、新しい理解に伴い感じられる認識感情（例：「これだ!」とか「おおっ」といった感情や認識の「クリック」）、躍然感情（喜び、躍動感）
第3のステイト変容
共に作る安定型の愛着、ポジティブな自己の評価
エネルギー、バイタリティ、オープンさ、躍動感
ステイト4：コアステイトと真実の自己体験
オープンさ、コンパッション、セルフ・コンパッション、知恵、寛大、親切、明晰、落ち着き、流れ、楽さ、安らぎ、「正しさ」の感覚、統一感とまとまりのある自叙伝を紡ぎあげるキャパシティ

図1　変容の地図

減していくことがひとつの大きなポイントです。

またステイト1では関係の安心安全があまり感じられないことが多いため、セラピストとの関係性を安心安全なものに育んでいけるように、波長合わせや肯定などの技法をふんだんに使っていくことが大切です。安心安全の関係性ができてくると、それ自体が防衛や不安を和らげてくれ、その先にあるコア感情への探索へと向かえます。

ステイト1は、ストレスが最大級にかかっていますが、同時に、自己治癒力や成長や関係性を求めるトランスフォーマンスの芽を探す段階でもあります。不安や防衛の陰に隠されているトランスフォーマンスは見つけにくいのですが、特にステイト1では、アンテナを張ってかすかな兆しでも見逃さずキャッチして育んでいきます。

3-2. 防衛、不安のサイン――トラッキングポイント①

不安や防衛の現れ方には個人差があるので、目の前にいる人の見せる癖やパターンをトラッキングしていきながら、その人のベースラインやどのサインがその人にとって防衛や不安、トランスフォーマンスの表れなのか、個々に探っていく作業が大切になります。

防衛、不安のサインは、呼吸が浅く早い、目線をそらす、手で体をさする・触る、防衛的笑い、顎に力が入る（感情のコントロール）、体や表情の緊張感、コア感情を防衛感情・防衛方策で隠す、言語と非言語の不一致などです。

3-3. トランスフォーマンス――トラッキングポイント②

目の輝き、はりのある声、力強さ、セラピストとつながろうとする努力（関わろうと目線を合わせる、真の笑顔など)、言語と非言語の一致などが、トラッキングポイントです。

3－4．安心安全を構築する介入――介入①

ステイト1での介入には、①安心安全を構築するもの、②防衛を軽減させるもの、③不安を調節するもの、④トランスフォーマンスに注目するものがあります。ひとつずつ見ていきましょう。介入は、肯定、波長合わせ、関係性の強調・孤独感の軽減（「一緒にいる」ことの明確化)、優しさ・思いやり・共感の表現（詳しくは第5章参照）などです。

3－5．防衛に対する介入――介入②

防衛の肯定、共感的理解、防衛の迂回（詳しくは第5・6章参照）が防衛に対する介入です。

3－6．不安に対する介入――介入③

波長合わせ（ミラーリング、呼吸合わせ)、感情調節（関係性を使った相互的感情調節、グラウンディング、身体における不安の特定、呼吸法、関係性をリソースとして使うなど）（詳しくは第5章参照）が不安に対する介入です。

3－7．トランスフォーマンスに対する介入——介入④

トランスフォーマンス・ポジティブ感情への注目、肯定、自己開示（詳しくは第5章参照）が介入です。

これらの介入を行い、防衛や不安などが軽減され、安全感が関係性のなかで増してくると、いよいよ感情にアクセスすることができます。ここからステイト2のワークが始まります。

4．ステイト2——感情のプロセシング

4－1．ステイト2の特徴——イメージ「ウェーブ（波）」

ステイト2は、感情にどっぷり浸かり感情プロセシングをじっくりとする段階です。ステイト1のワークで防衛や不安が軽減され、関係性における安心安全が構築されてきたので、ステイト2ではそれまで独りでアクセスすることのできなかったコア感情にアクセスできるようになります。そしてその感情が変化するまでプロセスする作業を行います。コア感情が深められ、ピークに達し、それを過ぎると感情の波が終焉に向かっていく……という感情のプロセスを、このステイトで完了まで導きます。関係性が安心安全になってきたことで、新しい安定型の愛着体験を感じられたり、コア感情体験に伴う身体感覚（胸が痛い、涙が出る、拳が熱いなど）が深まり、身体感覚をしっかり体験できるのもこのステイトです。

また安心安全が高まりコア感情に触れることができると、「ああこれが自分なんだ！」という真正性ある自己感を抱くことがあります。それまで怒りとは無縁だと思っていた人がコア感情の怒りに触れて、「あ、これも自分なんだ」と感じたりする感覚などがそうです。さらに自己体験をすることで、それまで防衛や不安に妨げられていた、真正性ある自分の「コアニーズ」（「自分は本当は理解されたかったんだ」「寂しかったんだ」など）も浮上してくることがあります。

ステイト2でこのようにコア感情の深化と促進を行っていくと、そのうちに感情の波が終結していきます。すると、それまで苦しんでいた感情が変容します。そのときに出てくるのが、「ポスト・ブレークスルー感情」と言われるものです。これはすっきりした開放感やホッとした安堵の感覚です。この感情の非言語サインとして、ため息や笑顔、筋肉のリラックスが見られることが多いです。また感情がプロセスされた後に、自分のためになる選択ができる適応的行動傾向が出てくるのも、ステイト2です。

4－2．精神内部的コア感情のサイン——トラッキングポイント①

涙、拳の熱さ、胸の痛みや温かさ、喉が詰まる感じ、手のジェスチャー、頬が熱くなる、姿勢の変化、声の変化などが、トラッキングポイントです。

4－3．関係性的コア体験のサイン——トラッキングポイント②

セラピストやイメージのなかの人物に向けられた顔の表情（微笑み、怒り、嫌悪、軽蔑、驚き、尊敬、愛着など）、手のジェスチャー、姿勢の変化（前のめりになる、後ろに引き下がる）、声の変化などが、ここでのトラッキングポイントです。

4-4．身体感覚の深化――介入①

身体的なサインで大切と判断されるもの（特にコア感情に関すると思われるもの）に注目して、その感覚に留まってもらい、身体感覚を深めていきます（第5章参照）。

4-5．コア感情の深化――介入②

コア感情が浮上してきたときに焦点化し、じっくりと感じてもらい、感情の波を最初から最後まで感じ切ってもらいます（第5章参照）。

［補講］ポートレイアル――アクセスしにくいコア感情を深くプロセスする技法

「ポートレイアル」というのは感情のプロセシングをするときに用いる、イメージを使った技法のひとつです。普段なかなかアクセスできない感情体験に触れられる過去や現在、未来の場面を想像し、そこで普段表現できない感情を、言葉や動作や体感を通してありありと感じ、表現してもらい、登場人物と交流させることでコア感情に触れプロセスする、という技法です。

ポートレイアルは認知的・言語的なレベルだけでは効果が少なく、身体性や感情を感じながら進めていくことで初めて効果を発揮します。ですからここでも繊細なトラッキングが必要で、これまでにこの章で見てきた身体感覚や感情の深め方、メタプロセシングなどいくつもの技法を総合的に使うことが必要です。

ポートレイアルをすると普段自分では自発的に感じないコア感情に触れられ、脱感作を促進する効果も期待できます。またそれに伴う行動傾向も一緒に浮上してきますから、適応行動のレパートリーを広げる効果もあります。たとえば怒りを普段抑圧している人がポートレイアルを通じて怒りをしっかりと感じることができ、怒りに対する脱感作が進めば、それに伴って今までできなかった境界線が引けるようになったり、ノーと言えるようになったり、アサーティブに主張をすることができるようになるのです。セッション外での行動パターンが拡大されていくことが期待されます。ポートレイアルにはいくつも種類があります。代表的なものをここに挙げておきます。

①終結しなかった感情を終結させるもの（例－別れを言えずに死んでしまった親にさよならを言う、怒りを感じていたのにそれを表すことができなかった怒りを思う存分表現する、など）
②救助的なもの（レスキューポートレイアル）（例－親に虐待されていた幼い子どもの自分がいる昔の場面に行ってその子が言いたかったことを言わせてあげるのを大人の自分が助ける、大人の自分が叩かれている子どもの自分を救助する、など）
③自分の精神内部の部分との対話（パーツワークとも呼ばれる）（例－自分のなかの批判的な部分、内的子どもの部分との対話など）

④修復的なもの（例－現実的には不可能な状況でも望み通りの体験をしてみる。理想的な母親（父親）と一緒にいたらどんな体験があるかを探索する、など）

5．ステイト3――変容体験のメタプロセシング／変容感情

5－1．ステイト3の特徴――イメージ「スパイラル」

ステイト3は、ステイト2で起こった感情の変容体験そのものを振り返るステイトです。興味深いことに、変容を振り返ることで「変容感情」という感情が湧き起こり、さらなる変容が起こってくることが、さまざまなセラピストによるセッションのなかで報告されています（Fosha, 2018）。ステイト2での感情の変容がラウンド1だとすると、ステイト3でメタプロセシングを続けることで、変容のラウンド2が展開していきます。メタプロセシングは、変容があったときに「それはどのような感じですか？」と聞き、変容体験自体を探索していく、ステイト3で頻繁に使われる技法です（詳しくは第6章参照）。変容のあったときにメタプロセシングを使うことで、さらなる変容体験の探索が進み、記憶に統合されやすくなり、また体験の意味づけをすることができます。

次に、変容が起こった後にその変容体験に伴って出てくる、6つの「変容感情」を紹介します。

5－1－1．マスタリー感情

「自分にはこんなことができたんだ！」というような達成感に伴う、うれしさ、誇り、自信などの感情です。

5－1－2．自己悲嘆感情

自分自身のつらさや喪失に関する感情です。それまで体験したかったけれどできなかったポジティブな体験をしたときに、改めて過去を振り返って、今までそのような体験がなかった自分に対して抱く悲嘆の感情です。

5－1－3．揺動感情

今まで感じたことのない新しいポジティブ体験をするときに抱く、恐怖と興奮、ショックと驚き、好奇心と興味、ポジティブな無防備さなどの感情です。

5－1－4．ヒーリング感情

自己がしっかりと認識され受容されたと感じるときに出てくる、他者に対する優しさ、愛情や感謝、また自分自身に対する感動や、感極まる気持ちなどの感情です。

5－1－5．躍然感情

ワクワク感、思いがけず出てきた変容に対する驚きと喜び、生き生きとした躍動感、興奮や動機の出現、湧き立つ喜びを表す感情です。

5−1−6．認識感情

変容の大きさに驚きを感じるときに思わず出てくる、「ああ！」とか「すごい！」といった感動、畏怖の念、驚きを総称する感情です。

5−2．変容感情のトラッキングポイント

5−2−1．マスタリー感情

喜びの表情（真の笑顔）、力強さを示す身体的サイン（ガッツポーズなど）、達成感に関する誇らしさなどです。

5−2−2．自己悲嘆感情

自分に向けられた悲しみの表情、涙などです。

5−2−3．揺動感情

身体のなかで感じる震え（脊椎、体全体）、ポジティブな変化と認識しつつも新しさに対して感じる不安・恐怖の表情です。

5−2−4．ヒーリング感情

感動や深い感謝の喜びの涙、愛情に満ちた表情などです。

5－2－5．躍然感情

興奮、うれしさの表情、活力を示す身体的サイン（まっすぐな目線、身を乗り出す、見開いた目、満面の笑みなど）などです。

5－2－6．認識感情

とっさの笑顔、興奮、驚きの表情、「ああ」「おお」といったパラバーバルな声などです。

5－3．メタプロセシング――介入①

体験を振り返ります。起こった変容に対して「今、変容を体験してみて、どのような感じがしていますか？」と、変容体験自体をプロセスします（詳しくは第6章参照）。

5－4．感情の深化――介入②

ステイト2で出てきた感情のプロセシングと同じように「体験」に留まることで、変容感情をプロセスします。「その悲しみに留まれますか？」「その気持ちに時間をあげましょう」などの介入を行います（詳しくは第6章参照）。

ステイト3で変容感情をプロセスしつづけていくと、次第に最終ステイトであるコアステイトへと移行していきます。

6. ステイト4――コアステイトと真実の自己体験

6–1. ステイト4の特徴――イメージ「広いまっすぐの道」

ステイト4に当たるコアステイトには次のような特徴があります。

オープンさ、コンパッション、セルフ・コンパッション、知恵、寛大、親切、明晰、落ち着き、フロー、楽な感覚、安らぎ、「正しさ」の感覚、「これが自分だ」と感じられる「真実の感覚」、統一感とまとまりのある自叙伝を紡ぎあげるキャパシティ

コアステイトではこれらの体験とともに、自己感の統合が起こってきます。その過程で新しい意味が浮上してきたり、過去、現在、未来をつなげるひとつの「まとまりある人生の自叙伝」が見えてきます。このまとまりのある自叙伝を紡ぎだせる力は安定愛着型の特徴でもあり、トラウマに対するリジリエンスを示す最良のサインと言われています。そして自己感が拡大し、スピリチュアルな視点が出てきたり、森羅万象とつながっているような感覚が出てくることもあります。

また自分の真実を信じることができるので、適応的で効果的なアクションを考え、またその動機が出てくるのもコアステイトです。

6－2．トラッキングポイント

リラックス（緊張の欠如、筋肉の弛緩）、落ち着き（呼吸が深くゆっくりになる）、穏やかな表情、上方への目線、光のメタファーや自然のイメージが、ここでのトラッキングポイントです。

6－3．真実の感覚の目撃——介入①

このステイトではセラピストがクライエントをリードしていくのではなく、フォローに回って、クライエントのなかから溢れ出てくる真実の感覚を受け止め目撃する役割を担います。ここで使われる介入は肯定（第5章参照）やメタプロセシング（第6章参照）などが中心になります。

6－4．対等の感覚——介入②

コアステイトではクライエントの癒し、成長、そして崇高な知恵を目の当たりにして、セラピスト自身も心を動かされ、さまざまな困難を乗り越えてきた相手に対して尊敬の念が浮上することが多々あります。まるで厳寒に耐え抜いてきた自然の美しさや強さに畏怖や尊敬の念を覚えるような感じです。ここではクライエントが助けを必要としてセラピストが助けを提供するという構図が変わり、クライエントとセラピストが対等の人間同士で一緒にいる感覚が出てきます。感激や感動がセラピストのなかに湧いてきたら、それをクライエントに自己開示するとよいでしょう。そのような自己開示を通じて、クライエントは他者を通して真実の自己を認識することになり、またそこで体験が拡大される可能性があるからです。

6－5．変容の地図の見方の注意点

ここまで、ステイト1から4のそれぞれの特徴を紹介してきました。ひとつここで注意していただきたいのは、1から4までのステイトを一直線に進んでいくことは少ない、ということです。人の変容の仕方はダイナミックで、直線的ではないので、もしもあなたのクライエントが1から4のステイトの順番通りに変わっていかなくても、がっかりする必要はありません。この変容の地図はあくまでも変容現象の指標であって、マニュアルのようにこの順番でしか人は変わっていかない、ということではないからです。

＊

第7章では、安心安全の関係性づくりと感情のプロセシングの先に何があるかを「変容の地図」を使って紹介しました。1から4のステイトごとに出てくる特徴的な現象やトラッキングポイント、それに対応する介入方法も説明してきました。カウンセリングの場で、変容の地図があるとクライエントの状態を整理することができ、何に注目すべきか明確になり、介入の組み立てる方向性を決めることができるようになります。

また、この変容の地図を知ることで、感情のプロセシングをするとその後でどのようなことが起こってくるか、またどうしてこれほどまでに感情の深部に触れるのか、その理由を理解していただけたらと願っています。そうすると感情の深みへと入っていく不安も軽減されることでしょう。

秒速で進むトラッキングに裏打ちされた関係性と感情へのマイクロ・フォーカスは、真実の力強さに満ちた静謐で平穏なコアステイトへ向かうマクロな過程の一部です。

第7章で変容の地図を手にされたので、次章では、実際のセッションにおいて見られるステイトはどのような現象なのか、セッションの逐語録をたどりながら見ていくことにしましょう。

第8章

4つのステイトのケーススタディ

理論と技法の総復習

1．ケーススタディを始める前に

第7章ではステイト1～4までの逐語録を理論的に説明してきました。この章では、実際のセッションのなかでどのようにこれらのステイトが現れるのかを見ていきます。ここでは、第1章から第7章までに解説してきた理論と技法の有機的な統合ができる総復習を目的としています。新しいクライエントとのセッションに臨むときのように、一緒に何が出てくるか見ていきましょう。

ところどころで逐語を区切って、ステイトの流れと現象がわかりやすいように解説を付けてあります。「変容の地図」（169ページ）もあわせて参考にしてください。

2. ケース紹介

ここで紹介するのは、あるデモセッションの逐語録です。クライエント役は女性セラピストで、私とは初めて会ったところから始めます。

ではセッションの一番最初から見ていきましょう。100人以上のオーディエンスを前にしたデモセッションで、その開始は不安が最も高まる瞬間です。

2-1. ステイト1——不安の軽減

Th：では始めていきましょうか。

Cl：はい（大きなため息）。

Th：今ちょっとこうため息が（2人とも同時に笑う）出たみたいなんですけども……今、体のなかでどんな感じがしていますか？〈トラッキングで身体感覚に注目〉

Cl：今心臓がドキドキしていて、えーと、ちょっと息苦しい感じがします〈不安〉。

Th：あ、そうですか。息苦しい感じ。はぁー（深く息を吐く）。じゃあちょっと何回か2人で呼吸してみませんか？〈感情の相互的調節〉

Cl：はい。

（2人で見つめ合いながら深呼吸——約1分20秒）

Th：はい。今はどんな感じ……？〈探索〉
Cl：今は息苦しさはなくなって、それがちょっと上のほうに。口が乾いている感じがします〈身体感覚の変化〉。
Th：あ、そうなんですね。
Cl：でも、ドキドキ感はなくなっています。
Th：そうですか。
Cl：うん。
Th：じゃあ、ドキドキ感がない感じ。
Cl：そうですね。
Th：それってどんな感じなんですかね？〈身体感覚への注目・体験の深化・メタプロセシング〉
Cl：このあたりが（胸のあたりを手でさする）、さっきちょっと緊張していた感じがあったんですけど、ちょっと力が抜けて。今話していたら楽になってきました〈かすかだがポジティブな変化・不安の軽減〉。
Th：あ、そうですか、ええ。
Cl：はい、はい。
Th：うん、良かったです。じゃあちょっと一緒にその楽になってきた感じに留まってみませんか？〈身体感覚の深化・探索・関係性の強調〉
Cl：はい。
（見つめ合って感覚に留まる――約30秒）〈非言語の関係性の強調〉
Cl：体が温かくなってきました〈身体感覚のさらなる変化〉。

Th：あ、本当ですか？
Cl：うん。
Th：どこら辺が温かい感じですか？〈身体感覚の探索〉
Cl：（胸のあたりと肩のあたりを手で示し）この辺とか肩のあたりとか。
Th：そうですか、うん、良かった。
Cl：はい。

◉解説
このセクションでの流れは次の通りです。

〈クライエントの不安〉→〈相互的感情調節〉→〈身体感覚の変化・不安の軽減〉→〈さらなる関係性的な身体感覚の深化〉→〈身体感覚の変化・不安の軽減がさらに進む〉

ここで見られるような不安は、ステイト1でよく見られるサインです。

ここでセラピストは相互的感情調節をして不安を軽減し、その後も不安の状態が変化するまで身体感覚に注目して、安心安全をつくることに焦点を当てていきます。

Th：うん、良かったです。じゃあちょっと一緒に、その楽になってきた感じに留まってみませんか？

Cl：はい。

（見つめ合って感覚に留まる――約30秒）

Cl：体が温かくなってきました。

関係性の安心安全や身体感覚のレベルでの感情調節がないまま探索に進もうとすると、すぐ強固な防衛、抵抗、不安に遭ってしまいます。ですからセッションの最初の部分では、特にゆっくりと意識的に時間を取ります。そして波長合わせをしながら、クライエントがある程度落ち着いて安全を感じられるまで、先の探索に進まないようにします。一番最初に安心安全の感覚をつくるワンステップで、そのあとの展開が大きく変わってくるのです。

この後の展開も見てみましょう。ある程度の安心感と感情調節ができたところから、探索へと入っていくところです。

2-2．ステイト1（続き）――抵抗とその対処

Th：その感覚にちょっと留まりながら、＊＊さんが今日ここで話したいなと思っていることが、ちょっとずつ出てくる時間がね、準備ができたようだったら〈安心感の強調と探索への誘い〉。

Cl：はい。たぶん大丈夫です。はい〈微かなたじろぎ〉。

Th：本当にその、温かい感じとか、楽な感じとか、それを感じながら、＊＊さんの心が今、言いたがっていることを出させてあげたらどうかなと思うんですが〈探索への誘い・セラピストはクライエントのちょっとしたたじろぎを見落とした〉。

Cl：（しばらく遠い目をして沈黙）正直に言うと、辞めたいなって感じがあります（ちょっと笑う・しっかりとTh

の目を見て）〈抵抗の言語化〉。

Th：そうですか、ありがとうございます（優しい声、相手のうなずきに合わせながら）〈相手の抵抗・防衛の肯定・真正性（トランスフォーマンス）に注目・波長合わせ〉。

Cl：（しっかりとThの目を見て、思い切ったようにきっぱりとした口調で）やっぱりその、今日伝えたかった、ちょっと私のなかで人が怖いっていうのが、うん、少し苦しい感じもあるし〈恐怖の言語化〉。

Th：ええ。その苦しさ自体に少しスペースをつくってみて、それにちょっと話させてあげたらどうかなと思うんですけど〈肯定と探索〉。そう言っていただいて、私はすごく感謝しているので（優しい口調）〈Clの恐怖に対して自己開示を使った肯定・関係性的リソースの提示〉。

Cl：はい（大きくうなずく）〈青信号〉……（目線をしばらく伏せてから目を上げて）どうしていけばいいですか？〈青信号・探索への動機〉

Th：苦しい感じにちょっと注目してあげて、それが何を言いたがっているのか、自由に話させてあげてください（ソフトな声）〈探索への誘い〉（Clはこの介入の途中からすでに目を閉じて自分のなかに入っている様子）。

◉解説

このセクションでの流れは次の通りです。

〈探索への誘い〉→〈抵抗〉→〈抵抗の肯定・セラピストの自己開示・トランスフォーマンスへの注目・関係性的リソースの提示〉→〈青信号・探索への動機の出現〉→〈探索への誘い〉

このセクションで特徴的なことは、探索へと向かいはじめたときに出てきた抵抗の扱い方です。「怖いから話したくない」と抵抗が出てきたとき、セラピストは「抵抗を言葉で伝える真正性」をトランスフォーマンスとして捉え、それに対して感謝の気持ちを表しました。次の部分です。

Cl：（しばらく遠い目をして沈黙）正直に言うと、辞めたいなって感じがあります（ちょっと笑う・しっかりとThの目を見て）。

Th：そうですか、ありがとうございます（優しい声、相手のうなずきに合わせながら）。

セラピストは、クライエントが抵抗の気持ちが出てきたときにごまかさないで表現してくれたその真正性に、感動しています。彼女の真正性に真正性で応える瞬間です。それが功を奏し、この後は抵抗が和らぎ、探索へと移ることができました。

このようにステイト1には防衛、抵抗、不安がたくさん出てきますが、それと同時にトランスフォーマンスも登場しています。トランスフォーマンスをキャッチして注目することで防衛や不安が解けていき、その後ろにある感情の探索へと向かうことができるのです。

2-3．ステイト2――幼い自分の話を聞く

ではここから感情のプロセシングをするステイト2へと移行していきます。何が次に起こってくるか見ていきましょう。

ここから見るのは先のステイト1で見たセクションのすぐ次の部分です。

（Cl：目を閉じて沈黙——約1分）

Cl：もう怖いよ、としか言っていないです〈恐怖のコア感情の認識〉。

Th：なるほど、「怖いよ」〈肯定・言葉による波長合わせ〉。

（沈黙——約1分30秒）

Cl：（涙を拭う）〈感情の深まり〉

Th：たっぷりと時間とスペースを、今出てきている気持ちにあげてくださいね〈体験の深化〉。

（Cl：目を閉じて沈黙——約1分15秒）

Th：今、何かすごく大切な気持ち、深い気持ちが出てきているみたいに感じるんですけども、今、何を感じてらっしゃいますか？〈感情のプロセス〉

Cl：今は、もうどうしても感じるっていうよりは、頭でやっぱり考えてしまう、いろいろなことが……思い出されてきて。はい〈トラウマ記憶の浮上〉。

Th：ああ。

Cl：助けてほしかったなぁって〈コアニーズが明確化〉。

Th：ああ。助けてほしかった〈肯定〉。ちょっと今出てきている気持ちと一緒にいられます？〈探索・感情のプロセスへの誘い・Thが少し探索へ急ぎすぎた〉

Cl：ちょっと苦しいかも〈抵抗〉。

Th：あ、そうですか。私がここにいてサポートするので。一緒にちょっと見ていけたらいいかなと……〈関

係性の強調をすることでリソースを提供〉

Cl：はい〈青信号〉。

（沈黙――20秒）

Cl：助けてほしかったっていう思いは、誰も私の話を聞いてくれないこと、あとは、両親や学校の先生たち、みんなに叩かれていたので〈明確なトラウマ記憶が浮上〉。

Th：そうでしたか……（共感的な優しい声のトーン）

Cl：何かあると、まあしつけという意味で。……父なんかも、何か言うと、何も言うなと。お前は稼いできてないんだから何も言うなっていう。ずっとちっちゃいときから。なので、ちょっと男性は、自分よりすごく大きな人だったりすると、それがすごく怖い〈恐怖の根源の明確化・自己表現のタブーの明確化〉。

Th：無理ないでしょうね……〈肯定〉

〈中略（ここでClは父親だけでなく、高校の先生も母親も同じように厳しく叩く人たちだったことを伝えてくれました）〉

Cl：そうですね。母はもっと厳しかったので。はい（笑う）〈防衛的な笑い〉。

（沈黙）（笑顔が消え、唇を噛み締める。悲しみの表情）〈悲しみの感情が出てきそうだが、コントロールしようとしている〉

Th：すごく辛そうですよね〈トラッキングによる感情の肯定と焦点化〉（Cl：うなずく）。

（沈黙――約30秒）（ClはThと良いアイコンタクトをしつつ何度もうなずく。Thも同じ速度でうなずく。しばらくしてClは下を向き、手のひらを額に当てて目をつぶる。涙が出てくる。しばらく沈黙。目を上げてThを見る）

Th：うん〈Clの目線をしっかりと受け止める〉。

Cl：うん〈同じ速度でうなずき合う〉〈波長が相互的に合っている〉。

Th：今ここでたっぷり時間もスペースもあるので、（Cl：はい）その頃に助けてって言いたかったんだけど言えなかった、ちっちゃな＊＊ちゃんにね、自由にここに出てきてもらって、そのとき言いたかったことを2人で聞いてあげられたらどうかなって思うんですけど。大丈夫でしょうか？〈優しいトーンの声〉〈内的な子どもの部分とのポートレイアルへの誘い・クライエントの許可を取る〉〈Clはうなずきながら聞いている〉〈青信号〉

〈Cl：涙が出てくる。涙を拭う〉

Cl：うーん、ごめんなさいってずっと言ってる〈小さな自分とのポートレイアル〉。ずっと言ってる、ごめんなさいって〈過去の感情の浮上〉。

Th：ええ、ええ……

Cl：「私のこと好きじゃないの？」って〈コアニーズの浮上〉。

Th：ああ……〈共感的パラバーバルな音〉……じゃあ、今ここにいるのは大人の＊＊さんと私で、お父さんとかお母さんじゃないじゃないですか？〈「今ここ」の強調〉ちょっと、私たち2人で、このごめんなさいって言っている＊＊ちゃんにね、謝らなくてもいいよって、伝えてあげることはできそうでしょうか？〈大人の部分に明確に話しかけることでClのリソースを活性化したうえで、傷ついている子どもの部分に安心安全を感じてもらいたい〉私はすごく、この子の話したいことを話してもらいたいなって思うので〈自己開示・好奇心の提示〉。

Cl：うん（2人でうなずく）〈波長合わせ〉〈少し目線を伏せて何か確認している様子。しばらくして目線を上げて〉。

はい〈青信号〉。

Th：＊＊さんはどうですか、この子に対して？（どんな気持ちですか）〈大人の部分と子どもの部分の対話を促進〉

Cl：うーん、もっと自由でもいいんじゃないっていう。言いたいことがあるんだったら、言って……（言葉をとっさに止めて、少し沈黙）どこかで、言えないよねって言ってる私もいる気がしますけども〈内的な抵抗の言語化〉。

Th：ええ。じゃあ、もっと自由に言ってもいいんじゃないっていう気持ちもありつつ……

Cl：あるけど、言うと、自由に言うとまた怒られるでしょっていう〈子どもの部分の恐怖はまだ強固〉。

Th：うん、うん、なるほど。じゃあ、やっぱりまだ怒る人たちが心のなかにいる〈心の部分の整理・防衛の認識〉。

Cl：そうですね。そうですね（笑う）。

Th：その人たちに今だけでもいいので、他の場所に行ってもらって、うん〈「今だけ」という条件をつけることで子どもの部分の感情を探索したい。防衛の迂回〉。今ここの2人でつくっている空間のなかに、小さな＊＊ちゃんを呼んであげたらどうかなと思うんですけど〈内的な子どもとのポートレイアルに再挑戦〉。

Cl：はい、はい〈青信号〉。その子に声をかける？〈確認〉

Th：はい。

Cl：（しばらく内的な子どものいる位置を眺めて）よく頑張ったねって〈子どもの部分への労わりの言葉・大人と子どもの部分間の安心安全の愛着体験〉。

Th：ああ、よく頑張ったね〈肯定〉。

（2人で同時にうなずく）〈波長が合っている〉
Cl：あなたはあなたらしくしていいんじゃないのっていう風に〈さらに子どもの部分に対して優しい言葉が出る〉。
（2人で同時にうなずく）〈波長が合っている〉
Th：ええ、あなたはあなたらしくていいんじゃないの〈肯定・強調〉。
Cl：周りのこと気にしなくていいよって〈さらに新しい言葉が自発的に出てくる・トランスフォーマンス〉。
Th：周りのこと気にしなくていいよ〈肯定・強調〉。
Cl：うん。
Th：うん〈波長合わせ〉……すごく温かい言葉を大人の＊＊さんがおっしゃったけども、子どもの＊＊ちゃんはそれをどういう風に受け取っていますか？〈メタプロセシング〉
Cl：うーん（2人の間の空間を指差して）。ここは誰もいないんですよね？〈安全性の確認〉
Th：ええ、誰もいないです。
Cl：いなければ、空想のなかはずっと自由だったので、じゃあちょっと好きに動いてみようかなっていう〈青信号感情、体験に対するオープンさ、安全性の示唆、変化に対する準備〉。
Th：うん。
Cl：それを言ってるかな。
Th：ああ、言ってますか。この子の顔とか見てみると、今どんな顔してます？〈さらなる子どもの部分の感情探索・タイトな感情へのフォーカス〉
Cl：今？

Th：ええ。
Cl：ぼーっとしてますね（Thとアイコンタクトを取りながら笑う）〈子どもの部分の感情の変容〉。
Th：ぼーっとしてる？〈思いがけない言葉だったので思わず聞き返す〉
Cl：ぼーっとしてる（2人で笑う）。
Th：どんな感じにぼーっと？
Cl：なんか温かいなかに、えーと、日向ぼっこしてるような〈緊張と孤独感がリラックス感へ変容〉。
Th：ああ。ええ、日向ぼっこですね（2人のうなずきが同調している）〈波長合わせ〉
Cl：うん、（日向ぼっこ）してるような感じでぼーっとしてます。
Th：なるほど、じゃあこう、当たってくる陽を、なんていうのかな、エンジョイしてるというか、楽しんでいるみたいな、リラックスしているような感じ？
Cl：そうですね。そうしていてもいい状況に今あるっていう〈安心安全を子どもの部分が感じている証拠・修正関係体験〉。
Th：うん。じゃあちょっと3人で、もうちょっとそこにいてみましょうか〈新しく出てきた安全な関係性体験を深める〉。
Cl：はい〈青信号〉。

◉解説

このセクションでの流れは次の通りです。

〈恐怖の感情の浮上〉→〈体験の探索〉→〈トラウマ記憶の浮上〉→〈子どもの部分とのポートレイアル・防衛（批判的他者）の迂回〉→〈大人から子どもの部分への安定型の関わり・受容〉→〈メタプロセシング〉→〈安心安全の愛着体験により身体感覚の変化、リラックス感〉

この場面はいよいよコア感情にアクセスができて、直接的に感情のプロセシングをしていったところです。特徴的なのは、トラウマ体験がよみがえってきたときに、セラピストが修正関係体験を促す介入を優先し、批判的な他者（防衛）は迂回した点です。次の部分です。

Th：その人たち（クライエントの両親）に今だけでもいいので、他の場所に行ってもらって、うん。今ここの2人でつくっている空間のなかに、小さな＊＊ちゃんを呼んであげたらどうかなと思うんですけど。

Cl：はい、はい。うん、その子に声をかける？

Th：はい。

Cl：（しばらく内的な子どものいる位置を眺めて）よく頑張ったねって。

この場面では子どもの部分が安心安全な愛着関係を感じられるよう、クライエントの大人の部分とセラピスト自身をリソースとして使いました。

そしてこの後、大人の部分が子どもの部分に温かい言葉をかけました。そこで子どもの部分の大人からの言葉をメタプロセシングしてみたときに新しい展開がありました。

Th：……すごく温かい言葉を大人の＊＊さんがおっしゃったけども、子どもの＊＊ちゃんはそれをどういう風に受け取っていますか？
Cl：うーん（2人の間の空間を指差して）。ここは誰もいないんですよね？
Th：ええ、誰もいないです。
Cl：いなければ、空想のなかはずっと自由だったので、じゃあちょっと好きに動いてみようかなっていう。

子どもの部分は安心できる空間に入った途端、それまでの不安、恐怖、防衛が姿を消し、深くリラックスしました（「ぼーっとしてる」）。明らかにこのクライエントの内的子どもの部分で、関係性的変容、つまり修正体験が起こったのです。これは防衛や抵抗の高いステイト1に変化が起こった瞬間でした。

ここに見られるのは第1のステイト変容と言われる現象です。安全性を一緒に構築していくと、青信号感情（体験に対するオープンさ、安全性、変化に対する準備）などが見られ、過渡的感情と呼ばれる良き前兆を告げる感情、コア感情の兆しなどが現れてきます。子どもの部分を安心安全に感じさせてあげることが可能になった瞬間、「誰もいなければ、じゃあちょっと好きに動いてみようかな」という安全性の構築と体験に対するオープンさが如実に出ています。

この場面でセラピストは子どもの部分の自由な表現を促進すること、つまりトランスフォーマンスを優先しました。必要に応じて防衛の探索をすることもありますが、優先順位はトランスフォーマンスが先行します。ですから、子どもの部分に自由に言いたいことを言わせてあげる方向づけをまず試して、防衛は迂回したのです。結果的に、子どもの部分は誘いに応じてくれ、安心安全を感じるという修正感情体験となったので、そのまま防衛の探索はせず、新しい体験（「日向ぼっこ」）の浄化に進みました。

このセクションで安心安全感が深まりましたので、次のセクションでは探索へと進んでいきます。

2−4．ステイト2（続き）——さらなる探索

Cl：あの、自由に話していいんですよね？〈安全性の確認〉
Th：もちろんです。
Cl：月曜日に、今週の月曜日に、ある方に裏庭の鍵を外しなさいと言われたんですね。自分ではもうわかってるでしょって言われて。その人は透視する人なんですけど〈大きな自己開示〉。
Th：えー!?
Cl：それで、それがなかなかこの一週間、（鍵を）外しに行けなかったんですけど。
Th：うん。
Cl：それも怖くて、外れたらどうなるのかが怖くて〈新しいポジティブ体験に対する恐れ〉。
Th：ええ。
Cl：今一緒に外しに行ってみてもいいですか？〈探索動機がClの内側から出現〉
Th：あー、もちろんです〈Clの探索動機を肯定〉。
Cl：この3人だったら行けそうな気がするので〈関係性が安心安全になると探索行動が出現〉。
Th：ああ、そうですか。
Cl：はい。
Th：ぜひぜひ、私も連れていってください〈Clの探索の関係性的サポートの意思を明確に伝える〉。

（沈黙――約1分）（下を向いてしばらくじっとしている。しばらくするとClは泣きはじめる）〈深い内的なコア感情体験の深まり〉

Th：ん～……〈Clの感情の深さに打たれる・パラバーバルなサポート〉私がここにいてサポートしているので、（気持ちを）出させてあげてくださいね〈関係性的サポートの提示〉。

（沈黙――約1分20秒）（Clはずっと目を伏せて下を向き、右手を口の前に当ててじっとしている……しばらくしてつぶっていた目を開けてThとアイコンタクトを取る）〈感情の波の終結のサイン〉

Cl：ちょっと鍵が外れました〈ブレークスルー〉。

Th：そうですか。

Cl：はい、はい。

（沈黙――約20秒）（また目を伏せてじっとする。涙を拭く。目を上げてThとアイコンタクト）

Cl：はい〈感情の探索のサイクルがもう一度終了したサイン〉。

Th：はい。

◉解説

これはステイト2における2度目の感情のプロセシングです。注目すべきは、1度目の感情のプロセシングで修正関係体験があり安心安全を子どもの部分が感じた後、自発的に自分のなかの「鍵を外したい」という探索動機が発動してきた点です。

Cl：今一緒に外しに行ってみてもいいですか？

Th：あー、もちろんです。
Cl：この3人だったら行けそうな気がするので。

ここでセラピストは積極的なリードをまったくしていません。クライエントが主体になって関係性をリソースとしてうまく利用して、感情のプロセシングが深まったのです。これはアタッチメント理論でいうアタッチメント行動システムと探索行動システムの間を行き来する様子を示す良い例です。安心安全が感じられ孤独感が軽減されると、自然に探索行動が出てくるわけです。それがこのステイト2でのさらに深い感情プロセシングにつながりました。そして今まで独りではどうしても外すことができなかった「裏庭の鍵」を、クライエントは「3人で」立ち向かうことによって外すことができたのです。2人の間の信頼関係が深まっているのが見て取れます。「裏庭の鍵」はこの後のセッションの流れを見ると、心のなかの自由さ、創造性、人に対する愛着、安心感、信頼感、心のリソースなど、今まで禁じられてきたものに対する「鍵」のようです。その「裏庭の鍵」は防衛と解釈と考えられるでしょう。

裏庭の鍵、つまり防衛を外すことができて、深い感情体験が一段落しました。これがステイト2の完了で、いわゆる「感情を感じ切った」状態です。この後、変容を振り返るメタプロセシングを使ってステイト3へと移行していきます。

2-5. ステイト3——ヒーリング感情と揺れ動き

Th：どんな感じですか？〈裏庭の鍵を外すという大きな変容のメタプロセシング〉

Cl：今、ちっちゃい＊＊ちゃんは、すごく走り回っています（笑顔で目を合わせて）。
Th：あ、そうですか。（弾んだ声・2人一緒に笑う）
Cl：はい。で、大きい私は、うーん……なんか表現は難しいですけど……ありがとうってこの子にも言いたい〈自分の子どもの部分に対するヒーリング感情〉。
Th：ありがとうって、ええ、ええ。ちょっとこの子にありがとうって伝えてみたらどうですかね？〈体験の深化〉
Cl：声に出して？
Th：もしよければそのほうがいいですけど〈声に出すとさらに体験が深まることが多いため声を出して実際に言ってもらうことを奨励〉。
Cl：はい、じゃあ。＊＊ちゃんありがとう……すごいニコニコ笑ってる〈子どもの部分と大人の部分とのポジティブなやりとり。大人の部分の感謝を子どもの部分が素直に受容〉。
Th：あ、そうですか。
Cl：うん。……ありがとうございます。一緒にいてくれて〈Thに対するヒーリング感情の浮上〉。
Th：あ、一緒にいさせてくださってありがとうございます〈ヒーリング感情の受容、自己開示〉。
Cl：すごくこの（鍵を）外すときに、もしかしたら地震じゃないかって思うくらい揺れてたんですけど〈身体的に「揺れ」を感じるのは揺動感情体験のひとつ〉。

〈中略〉

Th：そうですか。それだけ大きな、地がこう揺れるくらい大きな、ね。
Cl：そこ（裏庭の鍵）は教育分析を受けても何しても外れなかったので（Th：そうですか）、もうずっとどこかに引っ掛かっている（Th：ええ）。うん。

Th：大きなワークをされましたね〈肯定〉。

Cl：うん。なのでちょっとすごく気持ちが楽です、今〈揺動感情のプロセスも終了。「楽」というのはポストブレークスルー感情（第2のステイト変容）〉。

◉解説

このセクションでの流れは次の通りです。

〈前場面での変容体験〉→〈メタプロセシング〉→〈ヒーリング感情の浮上（①内的な子どもの部分に対して、②セラピストに対して）〉→〈揺動感情〉→〈揺動感情のプロセシングの終結〉→〈ポスト・ブレークスルー感情〉

ここで見られたのは2つの変容感情であるヒーリング感情と揺動感情でした。ステイト2で起こった変容（心の「裏庭の鍵を外す」）をメタプロセシングして振り返ると、変容感情のひとつであるヒーリング感情が浮上し、それが内的な子どもの部分に感謝という形で向けられ、その後セラピストにも感謝の気持ちが湧いてきました。それをセラピストは謙遜したり辞退したりせずに受け取り、クライエントの心の旅に同行させてもらえた感謝の気持ちを伝えました。

私たちセラピストはどうしても、クライエントに感謝されると変に謙遜したりするものですが、それではクライエントがせっかく到達したヒーリング感情を止めてしまいます。このようなときはちょっと気恥ずかしさも感じるかもしれませんが、そのまま感謝を素直に受け取ると、クライエントは貴重なヒーリング感情をしっかり感じ切ることができます（Fosha, 2000；Hanakawa, 2011）。

その後、別の変容感情である「揺動感情」の自発的なメタプロセシングがなされました。彼女がずっと長い間涙を流しながら、沈黙のなかで地震かと思うくらいの揺れを体験をしていたのです。はじめて聞く人は驚くかもしれませんが、大きな感情的変容が起こるとき、身体レベルではっきりとした文字通り「揺れ」や「震え」を感じる現象があるのです（Fosha, 2006）。そして揺動感情体験をメタプロセシングしていくと、それが「楽」な感覚のポスト・ブレークスルー感情へと変容していきました。

このような感情の波を乗り切ったときに生まれてくる感情を、ポスト・ブレークスルー感情といいます。そしてこれは「第2のステイト変容」と呼ばれる現象のひとつです。第2のステイト変容が起こるとき、リジリエンスが現れ出て、適応的行動傾向やポスト・ブレークスルー感情（安心、希望、強くなった、軽くなった感覚など）が出てきます。このポスト・ブレークスルー感情は「変容の地図」ではステイト2から3の間に出てくるものですが、実際のセッションではステイト3で大きな変容感情をプロセスしたときにも出てきます。

ではステイト3の変容感情がプロセスされた後、セッションがどう進んでいくのか、一緒にまた見ていきましょう。

2-6. ステイト3（続き）——みんながいるからゆっくりしたい

Th：その気持ちの「楽さ」って、どんな感じですか？〈メタプロセシング〉

Cl：「楽さ」は、あの、ここでゆっくりしたい感じの〈ポスト・ブレークスルー感情〉。

（2人笑う）

Th：ゆっくりしたい感じ〈肯定〉。

Cl：はい、みんながいるので、ゆっくりしたいなーって感じですね〈安定型愛着体験・孤独感の軽減・リラックス感〉。

Th：ちょっと体もリラックスしているような〈トラッキングを通して体のリラックスが見て取れた〉。

Cl：うん、うん、うん〈青信号〉。

Th：あの、まだ時間は充分あるので、ちょっとやってみませんか？　ゆっくりする感じ。こう全身で感じていただいて〈ポジティブ体験の身体感覚の深化〉。

◉解説

ここではステイト3の揺動感情をプロセスした後に起こってきた「楽な感じ」に留まることで、身体的なリラックス感が出てきました。またここでは安心安全な愛着体験、他者像のポジティブな変容が見られます。これは「3番目のステイト変容」という現象です。これは共につくる安定型の愛着体験であり、ポジティブな自己評価が生まれ出てくる状態です。またそれに伴う感情には、エネルギー、バイタリティ、オープンさ、躍動感といったものがあります。

このセッションは他人への恐怖から始まったことを考えると、この場面で「みんながいるので、ゆっくりしたい」とクライエントが言っているのは、大きな変容と見ていいでしょう。

では続きを見ていきましょう。この次から本格的なコアステイトへと入っていきます。

2-7. ステイト4・コアステイト――両親へのコンパッション

Th：どんな感じがしていますか？〈メタプロセシング〉
Cl：今は、うーん……両親を遠ざけてきたんですけど、まあ、頭では、しょうがなかったんだよなーっていう風には思えてるんですが。今は気持ちのなかから、うーん……すごく横柄ですけど（笑い）「許してあげるよ」っていう〈両親への許しが自発的に浮上・コアステイトのサイン〉。
Th：ええ。
Cl：なんか気持ちのなかでは、今。
Th：そうですか。へえー。それはすごく大きなことじゃないですか？〈強調〉
Cl：向こうはそういう風には思ってないと思うんですけど。
Th：ええ、ええ。大丈夫ですよ。今、一番大切なのは、＊＊さんのそういう気持ち、自然に湧き起こってきた気持ちなので、ちょっとそれを感じてあげることってできないかなと思うんですが〈感情の深化〉。
Cl：許してあげるよって。
Th：許してあげるよ。うん、うん。はい。
（沈黙――約30秒）（目を閉じてじっとしている。しばらくして目を開け、Thとアイコンタクト。2人で目を合わせてうなずく）
Cl：うん。「許していいの？」っていう、（幼い自分）＊＊ちゃんと（2人で笑う・Clはうれしそうな様子を）（手で子どもの自分がいる位置を指しながら）〈自ら子どもの部分とポートレイアル・自己治癒力のトランスフォーマンス・躍然感情〉。

Th：相談してたんですね？（弾んだ声で）

Cl：そうですね。でも、許していいよとも、今もう言ってるので〈トラウマを抱えている子どもの部分も許しに同意・子どもと大人の部分の統合〉。

Th：ああ、そうですか。

Cl：＊＊ちゃんも言ってる。私はもう、裏から逃げられるから〈知恵の発露・柔軟性・創造的な解決法〉。

Th：ああ。なるほど、裏庭の鍵がね、外れているから（感心した声）。

Cl：そう思うと私も、もうちょっと自由でいいのかなって〈新しい自己感の兆し〉。随分自由だとは思うんですけど、でもどっかにそれが引っかかってると、えーと、相手のことに関してはすごく寛容でいられるんですけど、自分のことに関してはまったく寛容でいられない〈自分に対する寛容さの芽生えと古いパターンの認識〉。

Th：うーん。今それが、どんな風に変わってますかね？〈自己への寛容さの芽生えにフォーカス〉

Cl：ちょっと怖い部分もありますけど、うーん、もうちょっと自分の思ってることを、自信をもって言ってもいいんじゃないかなって、思います〈新しいポジティブな自己感の拡大〉。

Th：ああ、そうですか。自信をね、もってね、自分の思ってることを言ってもいい。

Cl：それとも、言った後に後悔しない。いつも反省をしてるので、言った後に。こんな風に言うと傷つけちゃったかなとか、こんな風にしたらどう自分が思われるかなとか、嫌われちゃうんじゃないかなとか。

Th：ああ。そういうことやらないで、もっと自由にしてもいいんじゃないかと。

Cl：そうですね。うん。そうですね。裏から逃げればいいから〈選択肢の拡張・知恵の発現〉。

Th：そうですね。

（2人一緒に笑う）〈波長が合っている〉
Th：裏口がね〈強調〉。
Cl：そうですね、できたから。で、帰ってきたかったら帰ってくればいいなと思うし、正面に戻ってもいい。今までは、正面から入って、正面から出なきゃいけないっていう〈トラウマは視野を狭くし、選択肢を極少化する〉。
Th：ひとつしか出入口がなかった。
Cl：出入口がなかった。
Th：でも今は、ねえ、裏口がオープンになったので〈ポジティブな視点は視野を広く、柔軟にする〉。
Cl：そうですね。裏のほうが楽しいよって言われたので（楽しそうに笑いながら）〈「裏」の見方の変容〉。
Th：そうなんですか。
（2人笑う）〈ユーモア・遊び心が出てくるのは安全性やリソースがあるサイン〉
Cl：なんか、裏はいろんなものがあるよって。で、それが結構怖かったので……いろんなものがありすぎて〈過去と現在の比較・コアステイト〉。

◉解説

このセクションの流れは次の通りです。

〈ポストブレークスルー体験のメタプロセシング〉→〈両親への許しの浮上〉→〈許し体験の深化〉→〈内的な子どもとのポートレイアル・統合〉→〈新しい創造的な解決法「裏口」〉→〈自己への寛容さ〉→〈自己へ

の寛容さにフォーカス〉↓（自信）↓（新しい創造的な解決法の認識）↓（過去と現在の自分の比較・リソースとしての「裏口」・ポジティブ感情）

ご覧のように、ぐんぐんとクライエントのなかで内的リソースが豊かになり、それまではなかった創造的な解決方法を自発的に編み出している様子が見られます。

おそらくこの場面でのターニングポイントは、クライエント自身からご両親に対する許しの気持ちが自発的に湧き起こってきたところです。ここでセラピストはまったく両親のことを考えていなかったのですが、クライエントの内側から許しの気持ちが湧き出てきました。

Cl：はい、みんながいるので、ゆっくりしたいなーって感じですね。

Th：ちょっと体もリラックスしているような。

Cl：うん、うん、うん。

Th：あの、まだ時間は充分あるので、ちょっとやってみませんか？　ゆっくりする感じ。こう全身で感じていただいて。（しばらくして）どんな感じがしていますか？

Cl：今は、うーん……両親を遠ざけてきたんですけど、まあ、頭では、しょうがなかったんだよなーっていう風には思えてるんですが。今は気持ちのなかから、うーん……すごく横柄ですけど（笑い）「許してあげるよ」っていう。

この流れを見ると、クライエントのなかに安定型愛着体験が湧き起こってきて、その体験に留まってもらい、その後メタプロセシングをして体験を振り返るこのシークエンスが、彼女の心のなかの変容、両親に対する許しにつながっています。変容が起こった後、「もうこれでよかった、終わり」としないで、変容の起こった体験自体に留まりそれを感じ、メタプロセシングする。この手続きを繰り返すことで、今まで予想していなかったさらなる変容が起こってきます。これが変容のスパイラルと言われる現象です。

コアステイトでは自発的な創造性がよく見られます。この場面でクライエントの「裏口」の使い方はまさにその良い例です。この裏口の創造的な使い方はまったくセラピストにとっては予想外だったので、心底感心したのを覚えています。このようにコアステイトでは思いもかけなかった知恵が出てきて、それまでの狭い視点では考えもつかなかった、豊かで創造的解決法が出てくることが多々あるのです。

ではこの次は何が起こってくるでしょうか。

2-8. ステイト4・コアステイト（続き）――風に髪の毛がなびきながらしっかり立つ

Th：今は＊＊さんの裏庭のイメージってどんな感じですか？〈ポジティブな修正体験に注目しメタプロセシング〉

Cl：なんか、でも、きれいな感じです。なんかきれいで、すごく草がたくさん生えていて。うん、草原の感じがします（Th：へぇー）。うん。すごい風が吹いてきて、なんだろう、ちょっと青臭い匂いがする〈視覚的イメージに匂いも追加されさらに体験が鮮明化〉。なんか、風が吹いていて〈肌感覚〉、そこにしっかり立っている、風に髪の毛がなびきながら、しっかり立っている自分がいる感じがします〈コアステイト・新しいポジティブな強さをもった自己像〉。

Th：あー、そうですか。すごくすてきなイメージですね。ちょっとそこに一緒にもうちょっといませんか？〈身体感覚とイメージを通した体験の深め〉

Cl：うん〈青信号〉。

（沈黙——約45秒）（目を伏せてじっと集中している）

Cl：うーん。ちょっと、うーん、いっぱい動物が出てきて〈イメージのさらなる拡大〉……すごい手がかゆいんですけど、ちょっとかいてもいいですか？（笑い）〈身体的に緊張が緩み血行が良くなったからだろうか？〉

Th：どうぞどうぞ（笑う）。

（Cl：笑いながら手をかく）

Th：それこそ自由に。

Cl：いっぱい動物が出てきて、そしたらいっぱい人が出てきて〈他者が登場〉。

Th：へえー。

Cl：あんまり怖くない〈人への恐怖の軽減・変容〉。

Th：あー、そうですか。すごい、それは。あんまり怖くなかったら、今どんな風に感じます？〈新しい体験の探索・メタプロセシング〉

Cl：今、目の前が明るい感じですね〈光が見えてくるのはコアステイトの特徴〉。

Th：明るい感じ……

◉解説

このセクションでの流れは次の通りです。

〈「裏庭」（新しい内的なリソース）の修正体験をメタプロセシング〉↓〈裏庭のイメージの拡大・匂い・肌感覚を伴った体験の深まり）↓〈新しいポジティブな自己像〉↓〈体験の深化〉↓〈他者への恐怖の軽減〉↓〈恐怖の軽減をメタプロセシング〉↓〈明るさの体験〉

今までは怖かった「裏庭」（内的リソース）が自己感に統合されていき、それに伴って自己が「しっかり立っている」感覚が現れてきました。その体験を深めていくと、変容したポジティブな他者像が出現して、それまでの他者への恐怖感が軽減してきます。そして最後には「明るい感じ」のイメージへと変わっていきます。この明るい感じというのはコアステイトの特徴で、よく現れるサインです。

コアステイトまで来ると、セラピストはいろいろ積極的な介入をしなくても、クライエントから溢れ出てくるトランスフォーマンスを肯定しているだけで、どんどん新たな変容が出てきます。ですからセラピストはどちらかというとフォローする役割に回り、ひたすら出てくる変容を「目撃する」役に徹します。

ここまででもうすでにかなりの変容が見て取れますが、ここからさらに変容を探っていきます。

2−9. ステイト4・コアステイト（続き）——みんな笑って助けてくれる

Th：明るい感じをもちながら、そのたくさん出てきている人たちのほうにもう一度意識を向けてみると、どんな感覚が今ありますか？〈人に対する恐怖感が元々のターゲットだったので、恐怖の変容を探索・メタプロセシング〉

Cl：みんな笑っているので……（遠い目）〈他者像の変容〉うーん、怖くてもいいかなって〈他者への恐怖感の軽減＝内的作業モデルの変化。恐怖は消滅していないが、恐怖に対する見方が柔軟になっている。恐怖の受容〉。

Th：あー、ええ。

Cl：怖いのはなくならなくてもいいかなっていう思いと、そんな人ばっかりじゃないよっていう思いと。うーん、一緒にいる感じですね〈異なるものを抱えるキャパシティの拡大・コアステイトの特徴〉。

Th：ああ、そうですか。なるほど、なるほど。両方ね、一緒にね。

Cl：うん、うん。

Th：それってどんな感じなんですか？〈メタプロセシング〉

Cl：うーん。たぶん怖さは自分を守る感じがあって、守りながらも、今までは怖いばっかり、要は怖くてちょっと戦闘モード的な関わり方〈過去の防衛の認識〉。出さないにしても、すごくこう鎧を着ていたのが、ちょっとくらい傷ついてもいいかもっていう〈リジリエンスの認識〉。

Th：ああー。

Cl：無理かなー〈軽度の不安〉。

Th：うーん。その鎧を戦闘モードでガッチリと守ってなくても、もしかしていいかもみたいな感じですか？

Cl：うん、そうですね……みんなも助けてくれている（うなずきながら）〈支持的な他者像への変容・安定型の内的作業モデルの表れ〉。

Th：ああー。わあすごい。みんなも助けてくれている〈変化の強調〉。

Cl：助けてくれている。

Th：それに気がつくのってどんな感じなんですかね？　みんなも助けてくれているって〈他者像の変容をメタプロセシング〉。

Cl：今ふっと思った感じなので（遠い目をして）〈他者像の変容の自発的な気づき〉。

（かすかに涙が出てくる）

Cl：さっきの涙とは違う、ちょっとうれしい感じ。内に入る感じじゃなくて、うん、外に行く〈躍然感情〉。

Th：あー、外に行く〈強調・肯定〉。

Cl：外に行く感じ〈他者への恐怖による内向傾向から解放されて外交的行動へと方向性が大きく変化・さらなるリソースの拡大〉。

◉解説

このセクションでの流れは次の通りです。

〈他者に対する恐怖の変容をメタプロセシング〉→〈他者像のポジティブな変容〉→〈恐怖の変容と他者像の変化の統合〉→〈メタプロセシング〉→〈過去の防衛の認識と新しいリジリエンス〉→〈支持的な他者像へ

の変容）→〈メタプロセシング〉→（涙・躍然感情・新たなリソースの拡大）

このセクションで注目すべきテーマは、他者像のポジティブな変容とそれに伴う自己のリジリエンス・内的リソースの拡大です。特に次の場面に顕著です。

Th：ああー。わあすごい。みんなも助けてくれている。
Cl：助けてくれている。
Th：それに気がつくのってどんな感じなんですかね？　みんなも助けてくれているって。
Cl：今ふっと思った感じなので（遠い目をする。かすかに涙が出てくる）。さっきの涙とは違う、ちょっとうれしい感じ。内に入る感じじゃなくて、うん、外に行く。

この場面にはとても自然でスムーズな流れがあり、セラピストは何か体験があるたびポジティブ体験にフォーカスし、メタプロセシングを続けているだけです。するとクライエントのなかに新しいエネルギーが湧いてきて、健康的な自己感がぐんぐん成長していきます。気づきや自己感の拡大が抵抗感なく深まる過程のスムーズさもコアステイトの特徴です。人との真正性あるつながりや自己の拡大を促進するトランスフォーマンスが顕著に出ている瞬間とも言えるでしょう。

2-10．ステイト4・コアステイト（続き）――胸を張って風を切ってる自分

Th：外に行く感じの涙ですね……すごく大切な気がするんですよね、今出てきている涙が〈感情体験の重要性の肯定〉。

Cl：うん、うん……なんか、不思議と両親にも、ありがとうございますって言いたくなった感じがしますね（穏やかな口調）。

Th：そうですか。言ってみるとどうでしょうか？　ご両親に〈さらなる新しい体験の拡大〉。

（沈黙――約30秒）（目を伏せて下を向いて）

Cl：あんまり聞いてくれてない感じはしますけども。でも、今度会ったら言えるかもしれないですね〈適応的行動傾向の可能性〉。

Th：そうですか。あー、すごい。＊＊さんのありがとうっていう気持ちを言うこと自体、すごく大きな気持ちの変化じゃないですか？〈肯定〉

Cl：うん、そうですね。もうずっと、向こうが来ない限りは私からは会いに行かないので。

Th：あー、そうなんですね……そのありがとうって気持ちが出てきたこと自体、どのように感じられます？〈両親に対する感謝の気持ちをメタプロセシング〉

Cl：うーん（遠い目をして）。たぶんその鍵を外せて、みんなが来ても怖くなく、怖さと共存しててもよく、うーん、鎧ではなくて……みんなの愛だったりだったりとか、自然からもらえるものだったりとか（Thと目を合わせて）、そういうようなものにちょっと押されてる感じがします。はい（うなずき）〈自己のリソースの拡大・過去と現在の自分を比較する俯瞰的な見方・安定型の内的作業モデル・コアステイト〉。

〈中略〉

Th：そろそろお時間なんですけど、最後に、どうでしたか、今日の深い心の作業をされてみて〈セッション最後のメタプロセシング〉。

Cl：あの、どんな風に進んでいくのかなとか、何を自分が伝えればいいかなっていうのがわからず、探索するっていうのも、あんまり自分のなかでは今まで、してはいましたけど、すごく奥深くまで、こんな風にはしてなくて……まあできればその鍵をどこかで外したいなっていう思いがこの1週間していて、自分でやっても、やっぱりそこはなかなか外せなくって。この機会にお願いをして、一緒に鍵が外せたらなというふうに思っていたので。

Th：そうですか。

Cl：それで、その鍵が外せたおかげで、なんだろうな、ちょっと胸を張って風を切れる感じがしています〈新しい自信のある自己像の浮上・達成感〉。

◉解説

このセクションでの流れは次の通りです。

〈外に行く涙（躍然感情）の肯定〉→〈両親への感謝〉→〈体験の深化〉→〈適応行動傾向〉→〈肯定〉→〈両親への感謝のメタプロセシング〉→〈内的リソースの拡大・過去と現在の比較・安定型の内的作業モデルへの変容〉→〈最後のメタプロセシング〉→〈新しい自信のある自己像〉

ここで注目したいところは、新しい「外に行く涙」の外向きのエネルギーが浮上し、それに伴って両親に対する感謝の気持ちがふっと自発的に湧いてきたところです。それをメタプロセシングしていくとさらに内的リソースが拡大し、豊かになり、自分の人生を過去と現在の比較をしながら統一感をもった俯瞰的な視点で見ることができるようになりました。このような統一感をもった自叙伝のナラティブは安定型内的作業モデルの証であり、またリジリエンスの表れだと言われています。

このようなコアステイトの特徴がはっきり出ている場面を取り上げてみましょう。

Th：あー、そうなんですね……その（両親に対する）ありがとうって気持ちが出てきたこと自体、どのように感じられます？

Cl：うーん（遠い目をして）。たぶんその鍵を外せて、みんなが来ても怖くなく、怖さと共存しててもよく、うーん、鎧ではなくて……みんなの愛だったりだったりとか、自然からもらえるものだったりとか（セラピストと目を合わせて）、そういうようなものにちょっと押されてる感じがします。はい（うなずき）。

新しく浮上してきた両親への感謝の気持ちをメタプロセシングしてみると、その体験が広がりを見せ、このセッションのなかで気がついてきた（意識できた）内的・外的リソースが、彼女のリジリエンスを豊かでたくましいものにしてくれました。そして最後には「胸を張って風を切れる自分」という自信に裏打ちされた自己像へと発展していきました。

これらはまさに純粋なコアステイトの現象です。まるでその人の内に秘めていた自然の強さや躍動感やしなやかさが目の前に現前する感じがします。セラピストはこのような状態のとき、シンプルに肯定やメタプロセシングをして、クライエントの真の自己が花開いていく様子を、対等な人間として目撃し受け止めていくことになります。

＊

第8章ではほぼすべて1セッション分の逐語録を使い、実際のカウンセリング現場でどのような変容現象が出てきてくるのかを見てきました。今まで紹介してきた理論や介入に名前をつけ、逐語録のなかで起こっていることが理論的にどう理解されるのか解説しました。

ステイト1の曇り空のどんよりとした状態から、雨が降って（ステイト2）、徐々に雨が止んで雲が切れはじめ（ステイト3）、最後にはすっきりと晴天の青空が広がって、今まで見えなかった風景が暖かく明るい光に照らされて見えてくる（ステイト4・コアステイト）――ステイト変容過程をこの逐語録から読み取っていただけたらと願っています。その過程で関係性の構築や関係性のリソースとしての使い方、また感情や身体感覚の深め方、感情をプロセスし切るとどんな変容現象が起こってくるのか、変容が起こった後はどうするのか、などを知っていただけたらと思います。これまでの章では抽象的だった現象や介入の目指すゴールを、この章を通じて読者のあなたのなかで使える技法としてイメージしていただけたらうれしく思います。

用語集

［凡例］ここでは本書で解説されたキーワードを50音順で解説しています。用語に続く「第1章［1－1］」は、第1章の「1－1」に用語が登場することを表します。また末尾には、用語集に掲載された関連語を示しています。

あ

アタッチメント理論（愛着理論）（第1章［1－1］）

アタッチメント理論はジョン・ボウルビーが提唱した理論。ボウルビーの後、メアリー・アインスワースたちが、さらにアタッチメント理論を発展させ、現在に至る。

ボウルビーはコンラート・ローレンツなどによる動物学や生物学を研究し、人間も哺乳類も幼く弱小な時期に自分よりも大きくて守ってくれる個体とつながろうとする衝動は本能的だと考えた。

ボウルビーが「ゆりかごから墓場まで」と言ったように、アタッチメント体験は幼児期だけではなく、人生が続く限りずっと、私たちの関係性、自己感、そして感情調節などを彩るパワフルなパターンである。最近のニューロサイエンスでは、脳の神経可塑性（neuroplasticity）によって何歳になっても脳は変化しつづけるという考え方が確立してきている。私たち人間はどの発達段階においても、安定型の愛着体験、たとえば相性のいいカウンセラーとのカウンセリングなどを通して、幼児期のアタッチメント型が不安定型であっても後に変容していく可能性は十分あると考えられている。

か

関係性・孤独感（第5章［4－1・4－2］）

［4－1］アタッチメントをベースにしたAEDPでは、クライエントとセラピストとの関係性を強調し、孤独感の軽減を図ることで、クライエントがそれまで独りでは目を向けることのできなかった心の暗がりに一緒に目を向けてい

く介入が重要となる。

心の作業をクライエントとセラピストの2人で行っていることを明確にして、クライエントが独りだと感じないよう関係性的サポートをはっきりと言語・非言語で表現することで、関係性を安心安全なものへと促進させる。[▼アタッチメント理論（愛着理論）]

[4－2] 関係性と感情は密接に関係している。私たちは独りぼっちだと感じると、感情をきちんと味わうことができない。そして独りぼっちで制御できそうにない感情を回避するために、防衛を苦肉の策でつくりだす。しかし安心できる誰かと一緒にいると感じるとき、独りで感じるには恐ろしい感情にも触れられるようになる。安全な関係性のなかで感情に触れることができると、防衛を使う必要がなくなるため、感情のもつ適応行動傾向が出現するようになる。

感情のプロセシング（第6章 [3－1・3－2]）

[3－1] 感情のプロセシングとは、ターゲットとして定めた感情に焦点を当て、その感情に関する気持ちを体験して言語化したり、イメージにしたり、身体感覚を感じたり、動作として表現するなどの一連の作業を指す。そしてその感情自体が変化するまで続けていくことを「感情をプロセス
し切る」という。

[3－2] プロセスするターゲットとなる感情はコア感情である。コア感情は生き生きとした真正性のある、身体性に根ざした感情体験を指す。感情のプロセシングの効用としては、今まで自分を守るために使ってきた防衛の陰にある、その人生来の生き生きとした伸びやかなコア感情の鼓動を復活させる、というところにある。コア感情のプロセシングをしていくと、その感情自体が変化してきて、ホッと落ち着いたり、スッキリした気持ちが自然と湧いてきて、気持ちの収まりどころが見つかる。そして感情が変容すると、適応的行動傾向につながっていく。[▼コア感情]

コア感情（第2章 [1－1・3－1]）

[1－1] コア感情は、自己の生存と繁栄のために必要な自分と他者、そして環境の状態を知る情報源であり、きちんと体験することで変容につながる変容媒体とされる。コア感情を都合の悪いものとして回避してばかりいると、自分の生存と繁栄のため必要なものや欲しいものが不明になってしまう。するとストレスフルな状況で自分の生命や健康や繁栄を守るための大切な意思決定ができず、幸せな瞬間も味わうことなく生きていくことになる。つまりコア

感情を知ることができないと、生きている感じがしなくなったり、否応なしに不幸な状況に向かっていってしまう。

［3－1］コア感情は、より正確には「コア感情体験」と言われ、その人のまさに「中核」である自己感と密接に関係している、真で純粋な混じり気のない、のびやかに出てくる種類の感情を指す。そしてそのようなコア感情に触れると、私たちはバイタリティを感じ、自分の真正性を体験し、「これが偽りのない自分なんだ」という自己感を抱くことができる。

肯定（第5章［3－1・3－2］）

［3－1］肯定とは、クライエントの自己感や、体験や努力、価値観などでセラピストがポジティブな意味を見出し、それを伝える介入を指す。感情的なサポートや励ましなども含まれる。たとえば、クライエントの気質や、感情体験、価値観、体験、努力、また自己感などの一部に注目し、それを褒めたり、尊敬したり、大切だと感じることを伝えたり、または自己開示でセラピストが感じたクライエントに対する感動、感謝やポジティブ体験などの自己開示を通して伝えるなども、肯定に入る。

［3－2］肯定は言葉を通じて、治療関係において安心安全の感覚を育んでいくのに効果的な技法である。クライエントが非言語のレベルでセラピストに支えられて受け入れられていると感じることは大切だが、それに加えて言葉でもはっきりとした肯定を自分の耳で聞くことは、さらに大きな心理的影響がある。

さ

自己悲嘆感情（第7章［5－1－2・5－2－2］）

［5－1－2］自分自身のつらさや喪失に関して感じる感情のこと。それまで体験したかったけれどできなかったポジティブ体験をするときに、改めて過去を振り返って今までそのような体験がなかった自分に対する悲嘆を指す。

［5－2－2］カウンセリング場面では、（自分に向けられた）悲しみの表情、涙（＝自己悲嘆感情のサイン）となって現れる。

ステイト1（第7章［3－1］）

ステイト1は、ストレスがかかっており、防衛や不安、孤独感、恥や罪の意識、赤信号感情が多く見られる状態である。ステイト1では防衛や不安などの部分を軽減していくことがひとつの大きなポイントとなる。

またステイト1では関係の安全感が低いことが多いため、クライエントとの関係性を安心安全なものへと育んでいくように、波長合わせや肯定などの技法をふんだんに使い、安心安全の構築に焦点を当てることが必要である。安心安全の関係性ができてくると、それ自体が防衛や不安を和らげ、コア感情への探索へと向かえるようになる。

ステイト1はストレスが最大級にかかっているのと同時に、自己治癒力や成長や関係性を求めるトランスフォーマンスの芽を積極的に探し注目していく状態でもある。トランスフォーマンスのかすかな兆しを見逃さず育んでいくのが、ステイト1におけるセラピストの大切な仕事になる。[▼トランスフォーマンス]

ステイト2（第7章［4-1］）

ステイト2は、感情プロセシングをじっくりとする段階とされる。ステイト1で安全性が確立されているので、ステイト2ではそれまでクライエントが独りでアクセスすることのできなかったコア感情に触れ、体験することが可能となる。コア感情が感じられ、その感情体験の強さがピークに達し、それを過ぎると感情の波が終焉に向かっていく……という感情のプロセスの完了まで行くのがこのステイトのポイントとなる。関係性が安心安全になってきたことで、新しい安定型の愛着体験を感じられたり、コア感情体験に伴う身体感覚（胸が痛い、涙が出る、拳が熱いなど）が深まり、身体感覚が深化するのもこのステイトである。

また安全性が高まりコア感情に触れることができると、「ああこれが自分なんだ！」という真正性ある自己感を抱く体験も出てくる。さらに自己体験をすることで、それまで防衛や不安に妨げられていた真正性ある自分のニーズ（コアニーズ）も浮上してくることがある。[▼コア感情]

ステイト3（第7章［5-1］）

ステイト3では、ステイト2で起こった感情の変容体験そのものを振り返る。ステイト2で起こった変容を振り返ることで「変容感情」という変容に関わる感情が湧き起こり、さらなる変容が起こる現象が観察される。ステイト2での感情の変容がラウンド1だとすると、ステイト3でメタプロセシングを続けると変容のラウンド2が展開する。変容感情にはこれまでに6つが確認されている。

変容体験を振り返るときに使うのがメタプロセシングの技法である。これは変容があったときに「それはどのような感じですか？」と聞き、変容体験自体を探索していくステイト3で頻繁に使われる技法である。変容のあったときにメタプロセシングを使うことで、さらなる変容体験の探索が進んだり、記憶に統合されやすくなったり、また俯瞰的な体験の意味づけをすることなどが期待できる。[▼メタプロセシング]

ステイト4／コアステイト（第7章［6−1］）

変容感情がステイト3でしっかりとプロセスされると、そのうち感情の波があまりない、静かな状態へ移行する。それをコアステイトと呼ぶ。コアステイトでは、オープンさ、コンパッション、セルフ・コンパッション、知恵、寛大、明晰、落ち着き、安らぎ、正しさの感覚、「これが自分だ」と感じられる「真実の感覚」、統一感とまとまりのある自叙伝を紡ぎあげる力などが観察される。

コアステイトではさらに自己感の統合が起こる。その過程で人生の新しい意味が浮上してきたり、過去、現在、未来をつなげる、ひとつのまとまりある人生の自叙伝が見えてくることが多い。まとまりのある自叙伝を紡ぎだせる力は安定愛着型の特徴でもあり、トラウマに対するリジリエンスを示す最良のサインと言われている。そして自己感が拡大し、スピリチュアルな視点が出てきたり、森羅万象とつながっているような感覚が出てくることもある。

相互的感情調節（第2章［4］）

感情を独りで感じるのは恐怖を掻き立てるものであり、感情調節が難しいことが多いため防衛の発達を促進させてしまう。このため、自分が欲しない孤独感はすべての精神病理の根源であると考えられる。よって目を背けてきた感情に向き合うには、そういった感情を受容してくれて、一緒に感情のピークが過ぎるまでいてくれ、相互的に感情調節してくれる安全な他者の存在が必要不可欠になる。クライエントの感情が高まっているときに、セラピストがその感情を「一緒に」見て、受容して、肯定して、クライエントが感情に圧倒されないように、時には呼吸やグラウンディングを一緒にしたりして感情調節をすることを「相互的感情調節」と呼ぶ。

た

トラッキング（第4章［3−1］）

トラッキングとは、クライエント、そしてセラピスト自身の今ここでの瞬時に変化する体験を表す非言語情報を、細やかにたどり観察する技法である。

トラッキングの対象には、顔の表情、動き、呼吸の速さ、深さ、声のトーン、しゃべり方の速さ、目の動き、まばたきの速さ、頬の筋肉の動き、ジェスチャー、足の動き、座り方、手のひら・指の使い方、頬や首筋に見える赤みの変化……など多岐にわたる非言語情報が含まれる。

このモデルのトラッキングでは刻一刻と変化する感情、または不安、防衛、トランスフォーマンスのサインなどに注目し、瞬時にそれらを捉え、相手の情報のインプットをするために使う。

セッションのビデオを観たり、スーパーヴィジョンを受けたり、感情表現の写真を見たりして、非言語サインの特徴を学んでおくと、実際のセッションでそれらを瞬時に認識しやすくなる。[▼トランスフォーマンス]

トランスフォーマンス（第3章［1］）

トランスフォーマンスは、私たち誰しもがもっている変容していく力、成長に向かう力、つながる力、自己治癒力、自分の中の正しさを知る力などの総称として、アメリカの心理学者ダイアナ・フォーシャによって提唱された。トランスフォーマンスは、諦めよりも成長を選ぶ力であり、停滞よりも変化を求める力であり、孤独よりも人との結びつきを選ぶ力であり、自己嫌悪よりも自己に対する肯定であり、バイタリティあるエネルギーを指す。トランスフォーマンスは抵抗のような、自己を小さく保守的に、縮小させる方向の力の対極にあるもので、逆に自己を拡大し、大きく花開かせていく力と言える。

また、トランスフォーマンスは精神病理と並行して存在し、病理とは独立して存在する力であるとされる。よってトランスフォーマンスとは、精神病理を治したら、その後にカウンセリングの「結果」として出てくるものではない。トランスフォーマンスは精神病理と隣り合わせにつねに存在しているものであると考えられている。

な

内的作業モデル（第1章［3-1-1］）

幼児は養育者との刻一刻と変わりゆく1日に何百回と繰り返される非言語のやりとりから、養育者が必要なときにそこにいつもいてくれる人なのか、そうでないのか、感情的につながっているか、つながっていないか、応対してくれるのか、してくれないのか、といった体験を通して、関係性や感情、また自己感のパターンを形成し、記憶していく。やがて養育者の幼児に対応する関係性や感情に関するパターンが幼児の脳のなかに記憶され、内在化されていく。その内在化された他者との関係性、自己との関わり、そして感情調節のパターンなどを「内的作業モデル」という。内的作業モデルというのは、幼児がいわば養育者とのやりとりや反応を予想できるようにつくられた関係性のアルゴリズムとも考えられる。そしてそのアルゴリズムは成人になってからも、対人関係、自己感、そして感情体験を構築する。

認識感情（第7章［5－1－6・5－2－6］）

［5－1－6］変容の大きさに驚きを感じるときに思わず出てくる、「ああ！」とか「すごい！」といった、感動、畏怖の念、驚きを意味する感情（＝認識感情）。

［5－2－6］とっさの笑顔、興奮、驚きの表情、「あー」「おー」などのパラバーバル（paraverbal）な声（＝認識感情のサイン）。

は

波長合わせ（第5章［2－1・2－2］）

波長合わせ（attunement）とは、言語・非言語を使って相手に「あなたの言っていることをきちんと受け取りましたよ」と伝える応対性ある介入。うなずきや呼吸の速度、ジェスチャーや姿勢を相手に合わせたること（ミラーリング）、声のトーンや速度、高低、また目線を合わせたり、相手の言葉を使ったり、相手の気持ちを言葉にする技法を指す。波長合わせには、相手の「今」の状態を読んでいく正確なトラッキングが必要不可欠となる。

波長合わせは見かけはひそやかで気づかれないことが多いが、安心安全の感覚を関係性のなかで育んでいくのに役立つとてもパワフルな技法である。介入がうまくいかないときなどに波長合わせに立ち返ってみると、相手の状態をしっかり見て関係性のあり方を軌道修正することが可能になる。そして関係性のつながりが安全なものになると、介入が相手に受け入れてもらいやすくなる。［▼トラッキング］

ヒーリング感情（第7章［5－1－4・5－2－4］）

［5－1－4］自己がしっかりと認識され受容されたと感じ

るときに出てくる他者に対する優しさ、愛情や感謝、また自分自身に対する感動や感極まる気持ちなどを指す感情（＝ヒーリング感情）。

［5－2－4］感動や深い感謝の喜びの涙、愛情満ちた表情（＝ヒーリング感情のサイン）。

変容の地図（第7章［2］）

膨大な数のカウンセリングセッションの録画を分析するなかで、これまで変容には1～4の4種類のステイト（状態）があることがわかってきている。それぞれのステイトのなかでよく出てくるサインや心理的な現象をまとめたのが「変容の地図」である。

変容の地図は相手がどの状態のときにどのような介入が適切なのか、また変容へと至る道筋、変容が起こった後どうすれば良いのかなどを示してくれる道しるべとして使われる。［▼ステイト1、ステイト2、ステイト3、ステイト4］

防衛の迂回（第5章［3－4］）

防衛は、幼い頃に自己感と他者（養育者）の関係性保存のためにギリギリのところで生み出された感情や関係性体験を回避することによって生まれた苦肉の策である。防衛はある程度自己感や関係性の保持に役立つが、同時にコア感情へのアクセスを妨げる。防衛の生まれてきた個人史の背景やその果たしてきた機能を認めつつ、その防衛を横に置いて、防衛が守っているコア感情にアクセスしていく介入方策である。

手順としては防衛を明確に認識したあと、防衛を通り越してコア感情に触れられるよう促していく。防衛の迂回ができたらコア感情のプロセスへと進む。実際のセッションでの防衛の迂回の使われ方は、第8章の逐語録に収められている。

防衛の肯定（第5章［3－3－3］）

コア感情体験に触れられそうなときに防衛が出てくることがある。このとき、防衛自体の存在や機能性などにセラピストがポジティブな意味を見出してサポートすることを「防衛の肯定」という。防衛自体が出てくるということは、それまでにその特定の感情を感じるに当たってかなりのネガティブな体験をしてきたことの表れであるため、防衛が生まれた歴史的背景や機能性を肯定すると、クライエントとしては「わかってもらえた」という感覚が出てくることが多い。防衛を肯定すると、安心安全の感覚を促進することができ、コア感情への探索を深められる可能性が高まることがある。

ポジティブ感情（第3章［2－1］）

ポジティブ心理学で提唱されているように、ポジティブ感情には独自のベネフィットがある。たとえば自己の中期から長期的な繁栄や、心と体の健康、長生き、社会的に良好な人間関係を築く、リジリエンスを高めるなどである。病理中心のモデルではこれまでネガティブな感情への注目に重きが置かれてきたが、ＡＥＤＰでは、喜びや誇り、遊び心などポジティブな体験に焦点化し、それを拡大・探索することを変容過程の重要な一部に位置づける。

ここでいう「ポジティブ感情」とは、必ずしも「幸福」な一般的にポジティブと言われる喜びやうれしさなどの感情だけに限定されない。ポジティブ感情には、本人にとっては悲しかったりつらくても「正しく、本物」だと真正性を感じる感情体験も含める。身体で感じられ、防衛的ではなく、その人のそのときの真実としての感情体験全般を「ポジティブ感情体験」として扱う。

ポジティブ心理学（第3章［2－1・2－2］）

［2－1］精神分析から始まった病理中心モデルに対するアンチテーゼとして出現し、人間のリジリエンスやウェルネスに注目することを提唱し、90年代後半から活発になったのがポジティブ心理学である。マーティン・セリグマンをはじめ、バーバラ・フレドリクソンなどが研究者として名高い。２０１０年代にはポジティブ心理学はメインストリームの心理学としての地位を獲得した。

［2－2］しかしポジティブ心理学にも内部からの批判がある。近年では、ポジティブ心理学があまりにもポジティブ感情を強調するあまり、一般にネガティブ感情と言われる感情、つまり怒りや悲しみ、恥の意識などの本来もつ大切な役割を無視してしまっているという批判から、セカンド・ウェーブ・ポジティブ心理学という一派が出現した。この一派は、感情をポジティブvsネガティブと単純に二分化することはできないとし、もっとニュアンスのある感情の見方をすべきだと提唱している。

ポスト・ブレークスルー感情（第2章［3－2］／第7章［4－1］）

感情のプロセシングを行っていくと、やがて感情は波が終結する。するとそれまで苦しんでいた感情が変容する。そのときに出てくる感情を「ポスト・ブレークスルー感情」という。これはすっきりした開放感やホッとした安堵の感覚で、「ほっとした感じ」「落ち着いた感じ」「すっきりした感じ」「軽くなった感じ」などが報告されることが多い。この感情の非言語サインとして、ため息や笑顔、筋肉のリラックスが見られることがある。ポスト・ブレークスルー感情が出てくるまで感情に留まり体験しつづけることを、「感情を感じ切る」または「感情をプロセスし切る」という。

ま

マスタリー感情（第7章［5－1－1・5－2－1］）

［5－1－1］「自分にはこんなことができたんだ！」という達成感に伴ううれしさ、誇り、自信などの感情（＝マスタリー感情）。

［5－2－1］喜びの表情（真の笑顔）、力強さを示す身体的サイン（ガッツポーズなど）、達成感に関する誇らしさ（＝マスタリー感情のサイン）。

メタプロセシング（第6章［4－1・4－2］）

［4－1］「メタセラピューティック・プロセシング」、短くして「メタプロセシング」と言われる技法で、これはポジティブな変容体験が起こったときに体験自体を振り返る作業を指す。たとえば「……を体験してみて（感じてみて、気づいてみて）どのような感じがしていますか？」などが代表的なメタプロセシングのフレーズである。

［4－2］メタプロセシングには、新しい変容体験が忘れられないように意味づけされて学びとなり、記憶に保存されるよう助けてくれる効能がある。

またメタプロセシングを使って変容体験を振り返ることで、その変化がさらなる次の変化を引き出し、変容が拡大を続ける「変容のスパイラル」という現象が起こることもある。さらにメタプロセシングは、起こった変化を体験的に深める作用と、俯瞰的で認知的な理解や気づきを促進させる両方の機能がある。

メタプロセシングにはその対象によって、認知的メタプロセシング、感情的メタプロセシング、身体的メタプロセシング、関係性的メタプロセシングなどがある。

や

躍然感情（第7章［5－1－5・5－2－5］）

［5－1－5］ワクワク感、思いがけず出てきた変容に対して驚くとき出てくる喜び、生き生きとした躍動感、興奮や動機の出現、湧き立つ喜びを表す感情（＝躍然感情）。

［5－2－5］興奮、うれしさの表情、活力を示す身体的サイン（まっすぐな目線、身を乗り出す、見開いた目、満面の笑みなど）（＝躍然感情のサイン）。

揺動感情（第7章［5－1－3・5－2－3］）

［5－1－3］今まで感じたことのない新しいポジティブ体験をするときの恐怖と興奮、ショックと驚き、好奇心と興味、ポジティブな無防備さなどの感情（＝揺動感情）。

［5－2－3］身体のなかで感じる震え（脊椎、体全体）、ポジティブな変化と認識しつつもその新しさに対して感じる不安・恐怖の表情（＝揺動感情のサイン）。

あとがき

マンハッタンの私のオフィスには、毎日さまざまな職種、階級、人種、文化の人たちがやってきます。ファイナンス関係の人たち、弁護士、医者、ライター、デザイナー、映画監督、学生、コメディアン、不動産関係者、セラピスト……など。出身地もアメリカはもちろん、ヨーロッパ、アラブ、南アメリカ、アジアなどこれも多岐にわたります。こういう人たちが生粋のアメリカ人ではない私のことを信用してくれて、心の内を見せてくれて、一緒に心の癒しの作業をさせていただいていること自体に、ニューヨーカーの懐の深さと心のプロフェッショナルに対する信頼度の高さを感じます。

生粋のアメリカ人でない私がセラピストの激戦地マンハッタンで開業で独り立ちしていけるのは、私が実践しているカウンセリング・モデルによるところが大きいと思います。それが、安心安全の関係性をつくり、そのなかで感情を扱い、人間の本質的な力をうまく利用する、この本で紹介した加速化体験力動心理療法（Accelerated Experiential Dynamic Psychotherapy：AEDP）と言われるものです。入門書となる本書ではこのモデルを噛み砕いて、またトラッキングに重点を置いてお伝えすることにしました。

ＡＥＤＰに出会ったのは私がまだ大学院生のときでした。とてもラッキーなことに、ＡＥＤＰの創始者ダイアナ・フォーシャ先生の授業で、直々にＡＥＤＰを習いはじめたのです。彼女の言行一致、人を大切にする温かさと学問的な知識の厚みと緻密さにまず感動しました。さらに彼女のセッションビデオは衝撃的でした。クライエントの感情体験がみるみる深まり、変化して、何か新しくて良いものに変容していく……そのパワフルな癒しの過程を何度も目の当たりにし、そのときからＡＥＤＰをマスターしたい！　と強く思ったのです。そしてＡＥＤＰを20年近く続けてきました。今では光栄なことに日本人で初めてのＡＥＤＰ研究所のシニア・ファカルティーになり、セラピストたちにＡＥＤＰのトレーニングをしています。

またこの20年の間にＡＥＤＰの社会的認知度も高まり、『ニューヨーク・タイムズ』に何度も記事が載り、一般書が出版されるようになり、近年はトレーニングコースが次々とソールドアウトになり、ＡＥＤＰの人気が高まっているのが肌で感じられます。ＡＥＤＰは「温かく早く人が変化していく」新しい心理療法モデルとして、セラピストにも一般人にも知られるようになってきました。

ＡＥＤＰは言語的な介入も大切にしますが、同時に非言語の介入も同等かそれ以上に重要視します。本書で強調してお伝えした「瞬時ごとのトラッキング」は、ＡＥＤＰの理論と技法の中心に据えられています。この非言語の部分を大いにＡＥＤＰのトレーニングで鍛えられたからこそ、外国人でありながらマンハッタンで開業できている気がします。

ニューヨークにいながら日本のカウンセリング事情を考えるとき、私のなかにある想いが湧いてきます。

たとえば、こんなことがありました。

日本にいる親戚の子が引きこもりになりました。そこでその子の親に頼まれてセラピストを探したのですが、信用できそうなセラピストをその街では見つけることができませんでした。

そしてその子は自分の親の通っていた心療内科に行くのですが、そこでまったく症状と関係のない薬を処方されました。

そこでその子の親に話して、精神科医に会ってカウンセリングへリファーしてほしいと聞いてもらったのです。

すると精神科医の答えは「まだカウンセリングを始めるには時期が早すぎる」というものでした。

さらにさかのぼって考えると、私が17歳のときに父を亡くしたことが思い出されます。そのときも私のまわりにはセラピストはいなかったので、そのあと10年近くも悲嘆の気持ちを引きずることになりました。

東京では多くのセラピストが開業していますから、そんなことはないのかもしれません。しかし東京でも「セラピストを探したけど、どこに行ったらいいかわからない」「臨床心理士の人たちがどこで働いているのかわからない」という声も聞くのも事実です。

ニューヨークのマンハッタンでは開業しているセラピストがごまんといますから、このような問題が出てきたら、セラピストはすぐ見つかります。周りの人に「良いセラピストいない?」と聞けばだいたい「私のセラピスト、紹介しようか?」とか「私の家族(友人)が良いって言ってたセラピスト、知ってるよ」と言ってくれる人がいるくらい、カウンセリングは浸透しているからです。そして歯が痛ければ歯医者に治してもらえるように、カウンセリングに行けば心の痛みはなんとかなる、という信頼感もあります。

自分の体験を思い返し、親戚の子の扱われ方を聞きますと、日本でもニューヨークのように心が苦しいときにすぐにセラピストのところに行って癒されることができますように……という祈りの気持ちが湧いてきます。本書はその気持ちを文字にした始めの一歩です。

これまで数年日本のセラピストたちとの交流があり、オンラインで何年かスーパーヴィジョンをしてきました。そこで感じたのが、「瞬時ごとのトラッキング」が日本ではほとんど注目されてきていなかった、ということでした。言語的介入を考えたり見立てをしたりするのは優秀なのですが、トラッキングでつまずく人たちが多い、と感じたのです。それは非常にもったいないことです。そしてだんだんわかってきたのは、日本ではトラッキングのコンセプトやトレーニングが、ほとんどのプログラムのなかに入っていないということでした。トラッキングの情報自体がないわけですから、当然の結果でしょう。

トラッキングの技法はAEDPのような高度に体験的なモデルにおいては基礎の基礎です。なぜなら相手がどのような感情的・身体的状態なのかを先に見極めなくては、その瞬間に何が必要とされているかわからないからです。城の石垣（トラッキング）がしっかりしていないと、上の城の部分（言語的介入や見立て）がいくら緻密に設計されていたとしても、風や嵐が来るとすぐガラガラと崩れてしまうのです。人の感情は自然の天気のように刻一刻と変化していきます。これがAEDPの数ある技法のなかでも、本書で特にトラッキングを強調して執筆することにした理由です。

トラッキングをはじめとするAEDPの技法は習得可能で、再現性があります。ニューヨークでアメリカ人や日本人のスーパーヴィジョンをこれまでに何年もしてきましたが、セッション録画をスーパーヴィジョンのなかできちんと観ることをすれば、ほとんどのセラピストは「AEDPができる」ようになります。これはビデオを使うので非言語の部分のスーパーヴィジョンを細やかに正確に分析できるからでしょう。

ですから、トラッキングの技法、またAEDPを日本人（もしくは日本語を使う人）が習得していくことは、正しいトレーニングの仕方と知識さえあれば、確実にできることなのです。

トラッキングをはじめとするパワフルなAEDPの技法をお伝えして、それを実践していただくことで、日本の各地で実力のあるAEDPセラピストがクライエントたちをどんどん助けていける日が来たらいいな、とそんな日を心に描いています。本書がみなさんにとってAEDPの旅の入り口になれば、とてもうれしく思います。

最後に、この本を完成させるうえでお世話になった方々に御礼を申し上げたいと思います。

まずダイアナ・フォーシャ先生に感謝を表したいと思います。２００１年のダーナー上級心理研究所（アデルファイ大学臨床心理学博士課程プログラム）で会ってから私のことを気にかけてくれて、私がＡＥＤＰを教える立場になるまで育ててくれたことに深く感謝しています。優しさ、真正性、プレゼンス、繊細さ溢れるセッション、そして息を呑むような芸術的なプレゼンテーション能力と、詩的かつアカデミックな論文の書き方などを兼ね備えている彼女は、尊敬してやまない私のロールモデルです。この本は日本語だからダイアナには読んでもらえないけど、彼女への深い敬愛の気持ちを込めて書きました。

岩壁茂先生、杉原保史先生、福島哲夫先生には、ＡＥＤＰを日本に紹介しはじめた黎明期からお付き合いいただき、さまざまな場面で助言やサポートをいただき、また実際のワークショップなどでもお世話になってきました。この場を借りて深く感謝を申し上げます。

金剛出版の編集者・藤井裕二さんのおかげで、気の遠くなるマラソンのような執筆過程を最後まで走りきることができました。藤井さんは本の執筆過程のなかでときどき足がもつれる私を励ましながら、絶妙なアドバイスと知恵と根気強さで一緒に同伴してくれた、私にとっての「真の他者」でした。

そしてＡＥＤＰ ＪＡＰＡＮの事務局を運営してくれている藤田義祐さんと服部遣司

さん。二人が時には優しく、時には厳しくプッシュする（後者のほうが多い気がしますが……）「安全地帯」になってくれたおかげで、私が弱気になったときも切り抜けられ、やっと最後までたどりつけました。ときどき抵抗はしますが、本当はとても感謝しています。

またニューヨークで私を鍛え育ててくれたＡＥＤＰ研究所のスーパーヴァイザーたち、Sue Anne Piliero、Jenna Osiasonにも感謝を捧げたいと思います。彼女たちの温かく同時に精密なフィードバックは私を安心させてくれ、かつ不安に駆り立てられずに学ぶことの素晴らしさを実体験させてくれました。さらに温かいハートとシャープなマインド（知性）を重ね持つＡＥＤＰ研究所のファカルティー（教員）仲間全員にも深く感謝しています。また、ダイバーシティ委員会のパートナーであり良きＡＥＤＰ友達であるMatt Friedにも、精神的な支えを惜しみなく与えてくれたことにありがとうと伝えたいです（みんな日本語は読めないけど……）。そして私の周りにいてくれるニューヨーク在住のすばらしい日本人ＡＥＤＰセラピスト、ストラムかおりさん、窪田絵理さん、パリス祐子さん。いつも私のことを近くで温かく支えてくれてありがとう！

この本への逐語録掲載を許してくださったクライエントさんに改めて感謝いたします。みなさんの寛大さと心のなかの真実へと近づいていく尊い勇気がなかったら、この本は生まれませんでした。みなさんの心の闇も光も見せてくれた強さと寛大さに、深く深く感謝しています。また私の過去と現在のすべてのクライエントたちに、私をつねに鍛えてくれ、成長させてくれ、またインスパイアーしてくれてありがとうと、心のなかで伝えたいです。

そして最後に、この本を手に取ってくださったあなたに感謝します。新しい心理療法モデルを模索している志の高いあなたのようなセラピストのご協力があれば、日本中で温かく癒されていく人たちがどんどん増えていくに違いありません。

ＡＥＤＰの最新情報についてはaedpjapan.jpのサイトをご覧ください。

日本で一人でもニコニコ笑顔になる人が増えるように祈りを込めて

２０１９年6月　ニューヨーク・マンハッタンにて

花川ゆう子

文　献

Ainsworth, M.D.S., Blehar, M.C., Waters, E., & Wall, S. (1978) Patterns of Attachment : A Psychological Study of the Strange Situation. Hillsdale, NJ : Erlbaum.

Baumeister, R.F., Bratslavsky, E., Finkenauer, C., & Vohs, K.D. (2001) Bad is stronger than good. Review of General Psychology, 5-4 ; 323-370.

Beebe, B. (2018) Decoding the nonverbal language of babies. Talk at the American Enterprise Institute (AEI).

Birdwhistell, R.L. (1970/2010) Kinesics and Context : Essays on Body Motion Communication. Philadelphia, PA : University of Pennsylvania Press.

Bowlby, J. (1979) The Making and Breaking of Affectional Bonds. New York : Methuen.

Bowlby, J. (1988) A Secure Base : Parent-Child Attachment and Healthy Human Development. New York : Basic Books.

Craig, A.D. (2015) How do you feel? : An interoceptive moment with your neurobiological self. British Journal of General Practice 65 ; 657-658.

Damasio, A.R. (1994) Descartes' Error : Emotion, Reason and the Human Brain. New York : Grosset/Putnam.

Damasio, A.R. (1999) The Feeling of What Happens : Body and Emotion in the Making of Consciousness. New York : Harcourt Brace.

Damasio, A.R. (2018) The Strange Order of Things : Life, Feeling, and the Making of Cultures. New York : Pantheon.

Darwin, C. (1872/1965) The Expression of Emotion in Man and Animals. Chicago : University of Chicago Press.

DeSteno, D., Bartlett, M.Y, Baumann, J., Williams, L.A., & Dickens, L. (2010) Gratitude as moral sentiment : Emotion-guided cooperation in economic exchange. Emotion 10-2 ; 289-293.

DeSteno, D., Condon, P., & Dickens, L. (2016/2018) Gratitude and compassion. In : L.F. Barret, M. Lewis, & J.M. Havilland-Jones (Eds.) Handbook of Emotions. 4th Edition. New York : Guiford.

Ekman, P. (1972/2013) Emotion in the Human Face. 2nd Edition. Los Altos, CA : Malor

Books.
Ekman, P.（2003/2007）Emotions Revealed : Recognizing Faces and Feelings to Improve Communication and Emotional Life. 2nd Edition. New York : Owl Books.
Flinchbaugh, C.L., Moore, E.W.G., Chang, Y.K., & May, D.R.（2012）Student well-being interventions : The effects of stress management techniques and gratitude journaling in the management education Classroom. Journal of Management Education 36 ; 191-219.
Fosha, D.（2000）The Transforming Power of Affect : A model for Accelerated Change. New York : Basic Books.（岩壁 茂・花川ゆう子・福島哲夫・沢宮容子・妙木浩之＝監訳／門脇陽子・森田由美＝訳（2017）人を育む愛着と感情の力――AEDPによる感情変容の理論と実践．福村出版）
Fosha, D.（2003）Dyadic regulation and experiential work with emotion and relatedness in trauma and disorganized attachment. In : D.J. Siegel & M.F. Soloman（Eds.）Healing Trauma : Attachment, Mind, Body, and Brain. New York : W.W. Norton.
Fosha, D.（2006）Quantum transformation in trauma and treatment : Traversing the crisis of healing change. Journal of Clinical Psychology/In Session 62-5 ; 569-583.
Fosha, D.（2007a）Transformance, recognition of self by self, and effective action. In : K. J. Schneider（Ed.）Existential-integrative Psychotherapy : Guideposts to the Core of Practice. New York : Routledge.
Fosha, D.（2007b）“Good spiraling” : The phenomenology of healing and the engendering of secure attachment in AEDP. GAINS Quarterly : Connections & Reflections Summer ; 3-13.
Fosha, D.（2008）Transformance, Recognition of Self by Self, and Effective Action. In : K.J. Schneider（Ed.）Existential-Integrative Psychotherapy : Guideposts to the Core of Practice. New York : Routledge, pp.290-320.
Fosha, D.（2017）How to be a transformational therapist : AEDP harnesses innate healing affects to re-wire experience and accelerate transformation. In : J. Loizzo, M. Neale, & E. Wolf（Eds.）Advances in Contemplative Psychotherapy : Accelerating Transformation. New York : W.W. Norton.
Fosha, D.（2018）Introduction to commentaries on sociocultural identity, trauma treatment, and AEDP through the lens of bilingualism in the case of “Rosa”. Pragmatic Case Studies in Psychotherapy 14-2 ; 115-130. doi: http://dx.doi.org/10.14713/pcsp.v14i2.2039
Fosha, D., Thoma, N., & Yeung, D.（in press）Transforming emotional suffering into flourishing : Metatherapeutic processing of positive affect as a trans-theoretical vehicle for change. Counseling Psychology Quarterly.
Fredrickson, B.L.（1998）What good are positive emotions?. Review of General Psychology

2 ; 300-319.

Fredrickson, B.L. (2001) The role of positive emotions in positive psychology : The broaden-and-build theory of positive emotions. American Psychologist 56 ; 211-226.

Fredrickson, B.L. (2004) Gratitude, like other positive emotions, broadens and builds. In : R.A. Emmons & M.E. McCullough (Eds.) The Psychology of Gratitude. New York : Oxford University Press, pp.145-166.

Fredrickson, B.L. & Joiner, T. (2018) Reflections on positive emotions and upward spirals. Perspectives on Psychological Science 13-2 ; 194-199.

Fredrickson, B.L. & Levenson, R.W. (1998) Positive emotions speed recovery from the cardiovascular sequelae of negative emotions. Cognition and Emotion 12 ; 191-220.

Fredrickson, B.L. & Losada, M. (2005) Positive affect and the complex dynamics of human flourishing. American Psychologist 60-7 ; 687-686.

Froh, J.J., Sefick, W.J., & Emmons, R.A. (2008) Counting blessings in early adolescents : An experimental study of gratitude and subjective well-being. Journal of School Psychology 46 ; 213-233.

Garland, E.L., Fredrickson, B., Kring, A.M., Johnson, D.P., Meyer, P.S., & Penn, D.L. (2010) Upward spirals of positive emotions counter downward spirals of negativity : Insights from the broaden-and-build theory and affective neuroscience on the treatment of emotion dysfunctions and deficits in psychopathology. Clinical Psychology Review 30-7 ; 849-864. doi: 10.1016/j.cpr.2010.03.002

Gendlin, E. (1969) Focusing. Psychotherapy 6-1 ; 4-15.

Grant, A.M. & Gino, F. (2010) A little thanks goes a long way : Explaining why gratitude expressions motivate prosocial behavior. Journal of Personality and Social Psychology 98-6 ; 946-955.

Hanakawa, Y. (2011) Receiving loving gratitude : How a therapist's mindful embrace of a patient's gratitude facilitates transformance. Transformance : The AEDP Journal 2 ; 1-19.

Harmon-Jones, E. & Harmon-Jones, C. (2016/2018) Anger. In : L.F. Barrett & M. Lewis, & J.M. Havilland-Jones (Eds.) Handbook of Emotions. 4th Edition. New York : The Guilford Press.

Iwakabe, S. & Conceição, N. (2015) Metatherapeutic processing as a change-based therapeutic immediacy task : Building an initial process model using a task-analytic research strategy. Journal of Psychotherapy Integration 26-3 ; 230-247.

Kiken, L., Lundberg, K., & Fredrickson, B. (2017) Being present and enjoying it : Dispositional mindfulness and savoring the moment are distinct, interactive predictors of positive emotions and psychological health. Mindfulness 8-5 ; 1280-1290.

Lomas, T.（2016）Flourishing as a dialectical balance : Emerging insights from second-wave positive psychology. Palgrave Communications 2-1 ; 1-5.

Lomas, T. & Ivtzan, I.（2015）Second wave positive psychology : Exploring the positive-negative dialectics of wellbeing. Journal of Happiness Studies 17-4 ; 1753-1768.

Pando-Mars, K.（2016）Tailoring AEDP interventions to attachment style. Transformance : The AEDP Journal 6-2. Retrived from http:www.aedpinstitute.org.transformance/tailoring-aedp-interventions-to-attachment-style-pgl/

Panksepp, J.（1992）A critical role for “affective neuroscience” in resolving what is basic about basic emotions. Psychological Review 99-3 ; 554-560.

Panksepp, J.（2009）Brain emotional systems and qualities of mental life : From animal models of affect to implications for psychotherapeutics. In : D. Fosha, D.J. Siegel, & M.F. Solomon（Eds.）The Healing Power of Emotion : Affective Neuroscience, Development, Clinical Practice. New York : W.W. Norton.

Porges S.W.（2009）Reciprocal influences between body and brain in the perception and expression of affect : A polyvagal perspective. In : D. Fosha, D.J. Siegel, & M.F. Solomon（Eds.）The Healing Power of Emotion : Affective Neuroscience, Development and Clinical Practice. New York : W.W. Norton.

Powell, B., Cooper, G., Hoffman, K., & Marvin, B.（2014）The Circle of Security Intervention : Enhancing Attachment in Early Parent — Child Relationships. New York : The Guilford Press.

Prenn, N.（2009）I second that emotion! On self-disClosure and its metaprocessing. In : A. Bloomgarden & R.B. Mennuti（Eds.）Psychotherapist Revealed : Therapists Speak About Self-DisClosure in Psychotherapy. New York : Routledge.

Prenn, N. & Fosha, D.（2017）Supervision Essentials for Accelerated Experiential Dynamic Psychotherapy. Washington, D.C. : American Psychological Association Press.

Russell, E.（2015）Restoring Resilience : Discovering Your Clients’ Capacity for Healing. New York : W.W. Norton.

Sandler, J.（1960）The background of safety. International Journal of Psychoanalysis 1 ; 352-356.

Stern, D.（1985）The Interpersonal World of the Infant : A View from Psychoanalysis and Developmental Psychology. New York : Basic Books.

鈴木敦命（2013）感情認知の心理・神経基盤——現在の理論および臨床的示唆．高次脳機能研究 36-2；271-275.

Tomkins, S.S.（1962）Affect, imagery, and consciousness. Vol.1 : The Positive Affects. New York, NY : Springer.

Webb, C.A. & Pizzagalli, D.A.（2016/2018）Sadness and depression. In : L.F. Barrett, M.

Lewis, & J.M. Havilland-Jones（Eds.）Handbook of Emotions. 4th Edition. New York : The Guilford Press.

著者略歴

花川ゆう子
Yuko Hanakawa, Ph.D.

ニューヨーク大学修士号、アデルファイ大学臨床心理博士課程卒業。米国臨床心理学博士、ニューヨーク州認定サイコロジスト。

マンハッタンにあるセントルークス・ルーズベルト病院の外来クリニックでスタッフや訓練生のトレーニングや患者の治療にあたり、2014年まで勤務。現在、マンハッタンにて個人開業。

日本人で初めて米国AEDP研究所のシニア・ファカルティ（教員）として認定される。AEDPを日本にも広めるため、AEDP JAPANを設立（現ディレクター）。

AEDPの教科書であるThe Transforming Power of Affect（ダイアナ・フォーシャ＝著／岩壁茂・花川ゆう子・福島哲夫・沢宮容子・妙木浩之＝監訳『人を育む愛着と感情の力——AEDPによる感情変容の理論と実践』（福村出版［2017年］）の監訳者の一人。

アメリカ、日本、イギリス、カナダにてグローバルにAEDPのトレーニングを行っている。


あなたのカウンセリングがみるみる変《か》わる！

感情《かんじょう》を癒《いや》す実践《じっせん》メソッド

2020年 6 月10日　初刷
2021年 5 月20日　4刷

著者——花川ゆう子

発行者——立石正信
発行所——株式会社 金剛出版
〒112-0005 東京都文京区水道1-5-16　電話 03-3815-6661　振替 00120-6-34848

装幀・イラスト◉和全（Studio Wazen）　本文組版◉石倉康次　印刷・製本◉平文社

 ISBN978-4-7724-1759-4 C3011